教師が悩んだときに読む本

諸富祥彦・教師を支える会 編著

図書文化

はじめに

教師の悩みは教師にしかわからない

この本は、いま多くの悩みを抱えながら何とか教師を続けている、あなたのための本です。中心は、第４章の教師の手記です。ここを読むと、「ああ、同じ悩みを抱えて、何とか辞めずにきた先生はほかにもいるんだなあ」「こんなふうに悩んでいるのは私だけじゃないんだ」と実感できると思います。

「教師の悩みは教師にしかわからない」——そう多くの先生は言います。

この本は、そんな先生方のための「こころの交流の場」を提供するものです。

「つらくて、つらくて、たまらない。もう教師を辞めてしまおうかと思った」

「いっそのこと、死んでしまおうかと思った」

そんなふうに悩み苦しみながら教師を続けている方がたくさんいます。

そして、そんな先生方は、悩み苦しみながらいつか長い暗闇のトンネルを抜けると、人間として教師として生まれ変わります。

「少数者の苦しみ」——いじめられている子、不登校の子、ＬＧＢＴＱの子の苦しみ——に気づき、寄り添うことのできる先生に生まれ変わるのです。悩み苦しんだつらい体験があるからこそ、「悩んでいる子の気持ちが初めてわかった」と多くの先生は言います。

いまつらく苦しい思いの中に沈んでいる先生が、「本物のいい教師」に生まれ変わる瞬間です。あなたにも、そんなときがきっときます。

30年間にわたる先生方との交流を通して

私は、1993年に千葉大学教育学部に専任講師として着任して以来、もう30年近く、小学校・中学校・高校・特別支援学校等の現場の先生方と親しくさせていただいてきました。

先生方との交流の中で、「教師はすごい。特に教師集団が一体となって動き始めたときのパワーは並大抵のものではない。スクールカウンセラー一人の活動など、とてもかないはしない」と実感しました。

そして、「そうであるならば、スクールカウンセラーとして個々の子どもを直接支援するだけでなく、教師集団をサポートすることで、たくさんの子どもを間接的に支援することもしていきたい」と思うようになりました。

それから私は、「教師集団の援軍」「教師の作戦参謀」であることをライフワークの一つとして活動しています。

その一つに、２０２1年で22年目を迎える「教師を支える会」の活動があります。

教師を支える会は、学級経営や子どもたちのこころの問題への対応、保護者対応、職場での人間関係、教師のメンタルヘルス（特にうつ）、休職中の過ごし方や職場復帰の準備などにおいて悩みを抱える教師や、かつてそうした問題に直面した経験のある教師が集まり、現在抱えている問題をお互いに相談し合ったり、その問題の解決方法をグループで模索したりする現場教師のサポートグループです。あくまで「自助」が基本ですが、専門の心理臨床家が安全な場づくりをお手伝いしています。

教師を支える会のホームページ　https://morotom.net/sasaeru/
東京支部の日程は、「明治大学心理臨床センター」ホームページの「イベント」欄からご覧ください。

「教師を支える会」立ち上げまでの経緯

当時、千葉大学教育学部に在籍していた私は、大学院に学びに来られた現職の先生方から、教師としての使命感ややりがいをお聞きする一方で、さまざまな悩みをお聞きしました。

そのころは、教師といえば安定した仕事の代表格という雰囲気で、「教師はやりがいのあるいい仕事だ」「校長になったら地域の名士だ」などといわれていました。しかし、先生方と直に接してみると、世間のイメージとはまったく異なる教師の実情を知ることになりました。

また、私は校内研修の講師として、千葉県内の小・中・高校を年間数十校も訪問していましたが、そこでも教師という仕事の大変さを目の当たりにすることになりました。

「教師という仕事は、私にはとても務まらない」――これがそのときの私の正直な感想です。

「不可能を何とか可能にしているスーパーマンだ」と、尊敬の念を強くしました。

90年代中ごろからは、学級崩壊が大きな社会的問題になり、「学級崩壊が起きるのは教師の力量不足のせいだ」と、教師バッシングの嵐が巻き起こりました。

しかし、私が先生方と接していると、とても力量の問題だとは思えないのです。むしろ、「この窮状のなか、先生方が試行錯誤しつつ不可能を可能にしているおかげで、かろうじて学校現場が保たれている」という印象でした。

そこで、「これは何かおかしい。これ以上、教師を追い詰めたところで現場がよくなるようには思えない。教師一人一人を応援し、教師がパワーアップすることで、学校をよくしていく必要があるのではないか」――そう考えた私は、1999年、現場教師のサポートグループ、「教師を支える会」を立ち上げました。

2002年に明治大学に移ってからも、教師を支える会は月に1回のペースで21年以上にわたり活動を続けています。

教師という仕事の生きがいと誇りをいかに守るか

いま、世間からは「学校はブラックな職場だ」「教師はブラックな職業だ」という冷たいまなざしが注がれています。常軌を逸した残業の多さ、地域や保護者からの理不尽なクレームや要求、それに対応しなくてはいけない過酷さ。そういった学校を取り巻く理不尽な現状が広く知れわたるようになったためです。

教師という職業の過酷さが明るみに出たことで、近年は全国的に教員採用試験を受ける志願者が激減しています。以前は多くの人たちが志望していた「教師」という職業は、現在、若い人たちから選択されなくなってきたのです。どの地域でも教員志望者が減りはじめ、講師不足に頭を悩ませています。

学校を取り巻く雰囲気がここまで暗くなったのは、この数十年で初めてのことではないでしょうか。しかし、それに対して社会全体が呆然と立ち尽くすのみで、どうしていいかわからず何もできないでいるのが現状です。

そこで本書は、「教師を支える会」発足20周年という区切りを記念するとともに、「教師が心身の健康を保ちながら、生きがいと誇りをもって、今後も教師を続けていくことをサポートすること」をねらいとして企画されました。

第1章では、現在の教師の悩みの原因・現状についてふれます。

第2章では、悩みの大きい教師の命綱となる同僚と管理職との関係について述べます。

第3章では、教師がうつになったときの基礎知識と対応法について解説します。

第4章では、教育現場で大きな悩み・苦しみを体験された教師を支える会に参加されたことのある先生方10人の体験談を掲載しています。また、章末の結びでは、支える会の活動に長くかかわってくださっているスクールカウンセラーの田中典子さんに、「カウンセラーからみた現場教師の悩みと対処法」についてご寄稿いただきました。

第5章では、疲れた先生方のこころをケアするセルフヘルプ法の紹介と、教師の命綱である同僚と管理職の関係性をよくする校内研修等の提案をしています。

第6章では、長期間、コア・ファシリテーターとして支える会にかかわっていただいている大竹直子さんに、「『教師を支える会』の役割と教師の立ち直りのプロセス」についてご寄稿いただきました。

未来へ希望をつなぐために

教師はすばらしい仕事です。「教師は魂でする仕事だ」と私はいつも申し上げています。しかし、その仕事はあまりにハードであるため、多くの先生が燃え尽き、つぶれていきます。どんなにやりがいがあっても、心身がもたないのです。

教師を支える会では、あまりの忙しさや職員室内のむずかしい人間関係の中でつぶれそうになっていく多くの先生方が、自分の悩みや苦しみを語り合い、お互いに支え合ってきました。その中で「小さな希望」を見いだし、何とか教師という仕事を続けていらっしゃいます。20年余年におよぶ教師を支える会の活動を振り返って、「教師同士の支え合う関係が何よりも大事である」と、あらためて感じています。

本書が、悩める先生方の助けになることを心より願っています。

２０２１年１月

諸富祥彦

教師が悩んだときに読む本

第2章　悩める教師の命綱
――同僚・管理職との関係

第3章　教師が「うつ」とつき合うために

第4章 教師の手記 私の教師としての悩みと苦しみ、その先にみえたもの

第6章「教師を支える会」の役割と教師の立ち直りのプロセス

第1章

教師の悩み

——教師を取り巻く四重苦

1　教師の仕事の大きなやりがいと、それを取り巻く四重苦

教師は、大きなやりがいと充実感のある仕事です。

合唱コンクールでみんなが一つになった一体感。

やる気を失っていた子どもが、教師の粘り強いはたらきかけによって、意欲を取り戻しはじめたとき。

不登校を3年間続けていた子どもが、何度にもわたる家庭訪問の末、ようやく学校に戻ってくれたとき。

卒業式で駆け寄ってきた生徒が、「ほんとうに先生のクラスでよかった！」と満面の笑みを浮かべて言ってくれたとき。

こんな経験をされたとき、「ああ、ほんとうに教師になってよかった」「これほどやりがいのある仕事はない」と多くの先生方は思うでしょう。

「ライフレビューーインタビュー」という、ターミナルケアの患者に人生を振り返って語ってもらう活動があります。多くの患者は、家族のことや私生活のことを語るのですが、ある80代の元教師は、「あの子は、あのとき……」と、教え子のことばかりを語っていたといいます。

この元教師の「人生の大切な思い出」は、「教師という仕事で出会った子どもたちとの思い出」でいっぱいなのです。教師はそれほど、大きなやりがいと喜びに包まれた仕事です。「教師は魂でする仕事」だと、私が申し上げているゆえんです。

しかし、その仕事はあまりに過酷です。私は多くの先生方の悩みを教師を支える会で聞かせていただきました。大きな苦しみから、メンタルヘルスに不調を抱えてしまう先生も少なくありませんでした。

その代表的なものがうつ病です。この10年あまり、うつ病などの精神疾患で休職をしている教師は、年間5000人前後で推移しています（文部科学省）。うつ病は、本人の抱える要因（個人的要因）以上に、生態学的な要因、すなわち職場の人間関係などの要因が大きいというのが、最近の心理学や精神医学の研究で明らかになりつつあります（齋藤環『「社会的うつ病」の治し方——人間関係をどう見直すか』新潮選書、北中淳子『うつの医療人類学』日本評論社）。

自分を中傷していた元同僚がほかの学校に異動になったらうつが治った、自分を認めてくれず、非難ばかりしてきた管理職が退職したらうつが改善された、というケースを私はしばしば目の当たりにしています。このことから、教師のうつは、本人の要因というよりも、その人が置かれている環境要因、つまり、学校という職場環境の問題、子どもや保護者との人間関係、そして何よりも同僚や管理職との人間関係に大きく左右される……これが私の実感です。

教師のメンタルヘルスを低下させ、うつを引き起こす要因となる悩みは、大きく次の四つに分けることができます。①多忙感、②子どもへの対応、③保護者への対応、④同僚・管理職との関係です。以下、それぞれの悩みについてみていきます。

2　多忙感――忙しさに追い詰められる教師たち

教師の多忙感の現状

教師の悩みの一つは、あまりにも多忙であるということです。

教師を支える会で私が先生方から悩みをお聞きするなかでも、「山ほど仕事を抱えて、家に帰ると何もかも捨てて消えてしまいたくなる」という声が多くあります。「消えてしまいたくなる」……これはうつ状態の典型的な症状です。

「教員勤務実態調査」（文部科学省、２０１６年）では、看過できない教師の勤務実態が明らかとなりました。１週間あたりの学内総勤務時間について、「時間外労働が月80時間を超える」過労死ライン相当にあたる「週60時間以上勤務」する教員の割合は、小学校で約33％、中学校で約58％。教頭（副校長）はさらに過酷で、小学校で約63％、中学校で約58％いることがわかったのです。

「教師の勤務時間に関するアンケート」（日本労働組合総連合会、２０１８年）をみると、教員の約6割が、「今年度になって管理職から早く退勤するように言われた」と回答しています。しかし、管理職から早く退勤するよう言われた人の気持ちや職場の状況を聞くと、「まず、仕事の量を減らしてから言ってほしい」と思った人が約7割。「持ち帰り仕事が増え、総労働時間は変わらない」と回答した人は４割半ばいました。逆に、「学校全体の仕事量が減った」と回答した人はわずか1％でした。

こうした調査からも、忙しさが圧倒的に教師を追い詰めていることがわかります。

教師の置かれた職場環境は、私が教師を支える会を立ち上げた１９９９年から何も変わっていません。むしろ、総合学習や英語科が新設され、道徳科が教科になりと、さまざまな仕事が増え続けているので、さらに忙しくなっているのではないでしょうか。

教員と一般企業の労働者を比較した調査で、「仕事や職業生活におけるストレス」について聞いたところ、「ストレスがある」と答えた人は、一般企業の労働者が62％、教員は約68％。ストレスの内訳については、「仕事の量の問題」と答えた一般企業の労働者は約32％、対して教員は約61％とおよそ2倍。「仕事の質の問題」と答えた一般企業の労働者は約30％、対して教員は約41％と、およそ10％高くなっています（教員のメンタルヘルス対策および効果測定、東京都教職員互助会、ウェルリンク株式会社、２００８年）。

こうした調査からも、仕事の量・質ともに教師の大きなストレスになっていることがわかります。

ストレスの最大の要因となるものは、教師という仕事が常に子ども、保護者、同僚との関係といった「人間関係」にかかわる仕事であり、教師が「対人援助職」であるということです。一人一人異なる相手と関係をつくっていくのは、気持ちがとても疲れる仕事です。いわゆる「感情労働」者であるという点が、看護師などと共に教師の疲労感の高い原因です。

最近は教師の長時間労働もメディアで取り上げられ、学校はブラックな職場だという認識が世の中に形成されています。

このような現状を受けて文部科学省は「ワークライフバランスの推進」を掲げ、「教師の働き方改革」に取り組んでいますが、学校の実態を無視して教師の働き方に制限をかけるだけの施策は解決になっていません。「学ぶ楽しさを伝えたい」「一人一人の子どもの成長に寄り添いたい」という使命感を、先生方が自身の健康や生活を守りながら、まっとうできるように支える改革が必要です。そこが逆転してしまっては、学校から「本物の教師」（82ページ参照）はいなくなってしまいます。

教師という尊い仕事を、生きがいと誇りをもって続けていけるように先生方を支えることは、子どもたちの未来につながります。

3　子ども対応——衝動コントロールのむずかしい子どもの増加

子どもの問題の変化

教師の悩みの二つ目は、子どもへの対応、つまり学級経営や生徒指導、教育相談の問題です。教師を支える会設立当時（1999年ごろ）は学級崩壊の問題が多くありました。これは、いまでも先生方にとって大きな問題だと思います。

この20年余りの間に生じた変化に、子どもに「指導が入りにくくなった」ことがあります。その一つが、指導をしても聞いているのかいないのかがわからない、「のれんに腕押し型」「低エネルギー型」の子どもの増加です。一方で、何か不快なことがあると床に倒れ込み「やだやだ！」と暴れて止まらない、かんしゃくを起こしやすい子どもも増えました。

このことは、最近の文科省の調査でも示されていて、「小学校の対教師暴力」の急増が指摘されています。子どもの衝動コントロールがむずかしくなってきているのです。

この背景には、子どもの愛着障害の問題がかかわっているのではないかと思います。愛着の問題を抱えた衝動コントロールのむずかしい子どもが増えてきた理由の一つとして、私は親の「スマホ依存」と関係があると思っています。絶えずスマホをいじっていないと落ち着かない親は、食事中もスマホの画面にくぎづけで、子どもと目を合わすこともしません。私の感覚でも、スマホが普及したころから、落ち着かない子どもが増えてきたように感じます。衝動コントロールができない子どもは、反抗的で指導が入りづらく、厳しい指導をするとパニックになって教師とトラブルになります。こうしたケースが増えていて先生方は対応に苦慮しています。

「モンスターチャイルド」の出現

さきほどの対教師暴力とも絡みますが、執拗に教師を追い詰めていく「モンスターチャイルド」ともいうべき子どもたちもいます。

ちょっとしたきっかけで教師に反感をもった小学校中学年の子どもが、「1年間のうちにあいつをつぶす」と宣言し、教師に執拗な嫌がらせや対暴力を繰り返しました。追い詰められた先生は、堪忍袋の緒が切れて、学級の子どもたちの前でその子のほほをたたいてしまったのです。その瞬間、その子は「見ただろ。体罰をふるったよな。みんな証言してくれるよな」と高笑いをしました。先生は彼によって計画的に追い詰められてしまったのです。これは極端なケースですが、愛着や発達の問題を抱えた子どもと深刻なトラブルになるケースは増えています。

以上のような変化は、ベテランの先生にとっては、「子どもにかつての指導が入りづらくなった」という形で実感されていることが多いのではないでしょうか。

4　保護者対応――心理的・物理的ダメージの大きな仕事

教師の悩みの三つ目は、保護者対応のむずかしさです。保護者対応で消耗しているという先生は多いと思います。

学校に不信感のある保護者

私がカウンセリングをした、ある不登校児童の保護者のお話です。

この保護者は学校に不信感を抱き、「うちの子は学校に行かないので、もうかかわらないでください」と教師に伝えました。教師としては、当然、拒否された思いになります。

ところが、私がカウンセリングの際に「何か学校を信じられないと思った出来事があったのですか?」と保護者にお尋ねすると、「学校から行事日程表すら届かなくなりました。私は先生から見捨てられてしまったのです」と言うのです。

このタイプの保護者には、自分が子どものころ、あるいは親になってから、学校や教師に不信感を抱く出来事があった方が少なくありません。それで、もう学校とはかかわりたくないと思ってしまい、先生方に対してこころを閉ざしてしまうのです。しかし、こころの奥ではかかわってほしいという気持ちももっています。そこがむずかしいのです。

こういうときに大切なのは、先生方が「私に問題があるのでは？」と自分を責めないことです。「過去に学校や先生と何かあったのかな」と相手の気持ちを察し（相手の「投影」であることに気づき）、無理せず、ほどよく、しかし粘り強くかかわり続けることが、関係を築く第一歩となります。これは、とても根気のいることです。

子どもに無関心な保護者

子どもの世話や教育に関心がなく、放任する保護者への対応にも、教師は頭を悩ませています。

ネグレクト（養育放棄）も増えています。親が食事の世話をしない、お風呂に入れない、頭髪や服装に注意を払ってくれないなどのケースです。

子どもの状況を何とかしてあげたいと思っても、教師が援助できることは限られています。そのような子どもが学校でいじめの対象となって苦しんでいるケースもあります。

「もっとお子さんに手をかけてあげてください」「本人のためを考えてください」「愛してあげてください」といった説教は逆効果です。そう教師から言われた怒りの矛先が子どもに向かってしまうことも少なくありません。

保護者なりの苦労をねぎらい、「○○君は、お母さんにほめられた次の日はとてもよい子なんですよ」「お母さんはネイルを塗るのが上手。私は将来ネイルサロンで働きたいと、○○ちゃんがうれしそうに言っていましたよ」などと、子育てで「うまくいっているところ」に着目して言葉かけを行いましょう。「この方は、ほんとうは子育てに関心や責任感もあるはず」という「信頼と期待」の姿勢でかかわるのです。

このタイプの保護者は最も変化しにくく、先生方は無力感を感じやすくなります。

「モンスターペアレント」「クレーマー」

学校に対して信じられない要求をしてくる保護者がいるという話が先生方から届くようになったのが2002年あたりです。先生方の「子どもよりも、その背景にいる親が怖い」という訴えは、そのころから多くなってきました。

その後、「モンスターペアレント」という言葉がメディアで盛んに取り上げられましたが、「モンスターペアレントブーム」「クレーマーブーム」といわれるような現象は、8年ほど前をピークに、現在は落ち着いてきたようです。

しかし、あいかわらず学校に数人はいる「問題の親」への対応に苦しみ、精神的に追い込まれていく教師は少なくありません。

一日に何十回も電話がくる、学校へ怒鳴り込んでくる、噂話を流して誹謗中傷するなど、ターゲットにされた先生のダメージは計り知れません。

また、不当な理由で、学校に金品を請求してくるなど、保護者が過剰な要求を迫ってくるケースもあります。「訴訟を起こす」と脅されたり、実際に訴訟にまで発展するケースも少なくはありません。このような場合は、法律の専門家と連携をとることも必要になります。

2020年に全国配置されたスクールロイヤー（学校の法的問題を解決する弁護士）は、教員と生徒・保護者の間に生じる法的問題の解決支援に取り組みます。学校を支える外部の法律専門家として、教員の業務負担を減らす役割も期待されています。

文科省は、「過剰要求に適切に対応する」ためのスクールロイヤーの活用も促しています。こうした外部の力を活用することは、教師の悩み解消の一助になってくるでしょう。

このような攻撃的な保護者への対応では、けっして一人で抱え込まず、同僚・管理職と協力し合うことが重要になります。きわめて忙しい日常の中で、突然強いられる保護者対応は、教師のエネルギーを大きく奪っていきます。

5　同僚や管理職との関係――教師の最大の支えであり苦しみ

教師を支える会で20年以上にわたり先生方のお話を伺っていくなかで、実際に最も多く聞かれた先生方の悩みは、「同僚」や「管理職」に関するものです。

ある先生はこうおっしゃいました。

「教師の敵は教師」「一番の敵は教師」「仲間の裏切りが私にとって一番つらい」と。

管理職についてこう言っていた先生もいます。

「私たち教員にとっての管理職の存在は、怨念か諦念の対象です。うらみつらみがわいてきて、そのうちあきらめに変わる。そういう存在なんです」と。

管理職に対する思いは、「怨念」と「諦念」だ、というのです。しかしその背後には、裏返しとしての「希望」もあるのかもしれません。

ではなぜ「怨念」がわいてくるのか。それは、それくらい、先生方にとって管理職というのは大きな存在だからです。

「同僚との人間関係」「管理職との関係」が、教師を苦しめる最大の要因となります。しかしそれはまた、大きな期待の裏返しでもあります。悩みを乗り越えることができた先生方のお話を聞くと、ほんとうにつらい状態を支えてくれた存在もまた、同僚や教師仲間だからです。同僚との関係が教師の「命綱」なのです。

一般企業の労働者と教職員とを比較した調査で、「仕事や職業生活におけるストレスを相談できる者の有無」を聞いたところ、「いる」と答えた一般企業の労働者は約90％だったのに対して、教職員は約46％。そのうち、「上司・同僚に相談できる」と答えた一般企業の労働者は約64％だったのに対して、教職員は約14％でした（東京都教職員互助会、２００８年）。一般企業の労働者に比べて、教職員は同僚・管理職に相談しにくいという実態がみえます。

学校で先生方の支え合う関係をどのようにして築いていくか、これが最も重要なのです。困ったと言い合える「弱音を吐ける関係」を築くには、同僚や管理職と「ソーシャルな関係（役割上の関係）」と「パーソナルな関係（個人的な気持ちのつながり）」の両方をつくることが大切になります。

また、苦しいときに周囲に援助を求めることを、「援助希求（ヘルプシーキング）」といいます。困ったときに自分からＳＯＳを発信する力と、それができる人間関係を、学校の中に築いていくことが大切です。

教師の命綱である同僚や管理職との関係については、第２章で詳しくふれます。

6　「ウイズコロナ」対応での教師の悩み

多忙感の倍増

２０２０年、猛威をふるった新型コロナウイルス感染症の影響によって、教育現場は大混乱しました。現場の先生方は、対応に追われて、多忙感は増し、働き方改革とは逆行する日々が続きました。

感染予防のための消毒や清掃、各種事務が増え、運動会や修学旅行などの行事では、たび重なる計画変更に追われ続けました。そのうえ、規定の授業時数をこなすために、平日は7時間目まで授業を行ったり、土曜授業を継続したりで、まったく休みがとれないなか、教師の「多忙」が「極限」に達しました。

特に、多くの先生方を悩ませたのは、校内や生徒たちが使う備品の「消毒」だと思います。あの広い校舎を、先生方だけで毎日毎日消毒し続けるのは大変なことです。

さらに、今後の感染ピークの波に備えて、国をあげてオンライン授業への取り組みが推進されています。先生方は休み返上で業務をこなすなか、さらにオンライン授業の研究や準備にも追われることになったのです。これはきわめて過酷な作業です。

新たな学校不適応の子どもへの対応

コロナ禍による休校は、子どもたちにも多くの影響を及ぼしました。

主として緊急事態宣言下における生活の中では、「4人中3人の子どもがストレス反応をみせている」ことがわかりました（「コロナ×こどもアンケート第1回報告書」国立成育医療研究センター、2020年6月）。

同調査によると、「就寝起床時間のずれは小学生以上の子どものおよそ6割」に生じ、「スクリーンタイム（デジタルデバイスを使用している時間）が1日4時間以上の子どもが全体の3割を占め」、また、「保護者のおよそ6割がこころに何らかの負担を感じ」ていました。

新型コロナウイルスが蔓延しなければ学校に通えていたのに、不適応になってしまった子どももいます。感染症予防で自宅にいることに慣れてしまい、ゲーム依存になって、自分の中に眠っていた不登校傾向が着火してしまった子どもは少なくないでしょう。長期間、いつまで続くかわからないステイホームをしているときに、突然「学校に来なさい」といわれても、すでに生活リズムが変化してしまっていて、「そんなの無理、行けないよ」となってしまった子どもたちです。

保護者も、学校へ行けない子どもにどう対応していいか困惑し、保護者の対応に困った先生との関係がギクシャクしてしまった……そんなケースもあります。

一方で、かつてから不登校だった子どもの一部は、「分散登校」の少人数での学校を体験し、「これなら学校に行ける」となって通い始めた子もいます。かつて学校に適応的だった子がゲーム依存で不適応になり、かつて不適応だった子が適応的になるという「逆転現象」が起きています。

先生方は、このような子どもたちの状況にも絶えず目を配っています。ただでさえきつすぎるスケジュールなのに、新たな学校不適応の対応にも追われることになったのです。

先生方の人間関係の悪化

こうした猛烈な忙しさに追われるなかでは、先生方一人一人から余裕が失わます。こころの余裕が失われると、教師同士の人間関係も悪化します。コロナ禍で職員室の雰囲気がギスギスしてしまったという学校は、少なくなかったのではないでしょうか。

だれもが自分のことで精一杯になり、燃え尽き（バーンアウト）に陥った先生がいても、それを思いやるどころか、「こんな大変なときに休むなんて」などという配慮に欠けたひとことが放たれてしまい、それに傷ついた先生が休職せざるをえなくなってしまう……。

このような事態が頻発すれば、さらに多くの先生のうつにつながってしまいます。

7　第1章の終わりに

本書の第4章では、手記を寄稿くださった10名の先生方が、つぶれてしまいそうなほどの忙しさや職員室のむずかしい人間関係の中で、どのように悩みや苦しみと向き合い、その中で「小さな希望」を見いだし、何とか教師という仕事を続けてきたかを率直に語ってくださっています。

読んでいただくと、「あ、これ、いまの私のことだ」「こういうことで悩んでいるのは、私だけじゃないんだ」と思われるかもしれません。手記の中に、いまの自分自身を見るのです。

手記を読むことで、教師を支える会に参加された先生方と、「悩みや苦しみを語り合い、わかち合う体験」を、少しでも疑似体験していただくことができたら、と願っています。

第2章
悩める教師の命綱
——同僚・管理職との関係

1　「支え合う職員室」「弱音を吐ける職員室」を！

「教師を支える会」で多くの先生方とお話ししていると、「30年も40年も教員をやっていたら、10年に一度ぐらいは教師をやめたくなるのが当然です」とみなさんおっしゃいます。

「それでも教師を続けていくために大切なことは何ですか」とお聞きすると、「同僚や管理職との関係です」――そうおっしゃる先生が圧倒的に多いのです。

「学校の中に支え合う関係があってはじめて、教師という仕事を何とか続けることができるのです」と。

教師という仕事を続けていくためには、「支え合う職員室」「弱音を吐ける職員室」をつくっていくこと。これが何よりも重要です。

とても荒れている小学校へ、私が校内研修で伺ったときのことです。

確かに校内は惨憺たる状況でした。黒板には「死ね」の文字。授業中は頭の上を物が飛び交い、教師が机の間を歩くとき、子どもが足を蹴るため、足があざだらけの先生もいました。それでも先生方は、

「あらら、また死ねって書かれちゃったんだ〜」

「足にあざができるなんて、K－1みたいね」

といたって明るい雰囲気です。

一番荒れている学級の担任の先生はこうおっしゃいました。

「私は何度も辞表を書きました。でも、職員室がこんなにいい雰囲気だから、何とか続けることができているんです」と。

そして、この学校の校長先生は、実にゆったりと落ち着いた雰囲気を醸し出しながら、ユーモアを忘れない方でした。

「先生方、ほんとうによくやってくれています。私にできることですか……研究指定と公開をお断りするくらいでしょうか（笑）」

この学校のように、学級崩壊がいくつも起こっているような状況でも、みんなで支え合い、弱音が吐ける職員室さえつくることができれば、何とか苦境を乗り越えることができるのではないでしょうか。

本章では、教師の命綱である、同僚や管理職との良好な関係をつくるため、教師同士の関係について考えます。

2 同僚や管理職との関係に必要なもの

同僚とよい関係がつくられているとき、多くの教師はこう言います。「今度の学年は最高だ！」「最高のメンバーが集まった！」と。

教師生活を振り返って、どの先生も、一度は「最高のチームだった」と思える体験をしているのではないでしょうか。

反対に、学年会で自分の発言を無視されるうえに、自分だけ飲み会に誘ってもらえないなどの状況になることがあるかもしれません。こんな場合、働き心地は最悪になります。

同僚や管理職と良好な関係をつくっていくうえで、必要なものは何でしょうか。

それには、ソーシャルな関係（役割に基づくチームとしての関係）とパーソナルな関係（個人的な関係）があります。

ソーシャルな関係（チームとしての関係）

職場においてまず必要なのは、役割上の関係、チームとしての関係（ソーシャルな関係）です。お互いがお互いをチームの一員として認め合える関係づくりです。

学年チームだけでなく、教育相談担当のチーム、特別支援担当のチーム、いろいろなチームが学校にはあります。いいチームができていると「同じ目標に向かって進むことができている」という一体感が生まれます。

管理職の役割は、いいチームづくりのために、適材適所で、それぞれのメンバーの力を十分に発揮できるような校務分掌をつくっていくことです。

「どうして私が、こんな役割をしなくてはならないの？」「どうして私にあの校務分掌を任せてもらえないの？」——そんな不満が渦巻いていると、教師同士のチームとしての士気も高まりません。

自分が発言するたびになぜか、みんなが無言になる。だれも反応してくれない。そんな空気が自分の所属している学年にあると、毎日の勤務がつらくなって当然です。

ある先生は学年会で発言するたびに、「あなたがしていることは全部むだです」と否定的な言葉を言われ続けたと言います。それでも、自分の所属している学年から逃れることはできません。

教師が安心して勤務できるうえで大切なことの一つは、学年会、校務分掌といった「ソーシャルな関係」で自分という存在が認められている、ということです。

パーソナルな関係（個人的な関係）

ソーシャルな関係以上に重要なのが、より個人的なつながり――パーソナルな関係です。笑顔を交わせる、お茶とお菓子で一息つける、仕事のあとに飲みに誘える……。落ち込んだり元気がないときに様子に気づいてくれる、たわいない話で気分がリセットされる、グチを聞いてもらえる……。そういう仲間との関係が、つらいときのこころの支えになります。

いま、多くの学校では、大量採用世代の教員が退職時期を迎え、それと入れかわる形で若手教員の採用が増えています。

20代の教員の人間関係が悪化していることが、大きな問題になっています。若者特有のグループ内の同調圧力が働き、特定の若手教師を排斥し、無視したり、攻撃することでグループ内の結束が強まるのです。若手教師の間で、自分一人だけ無視される、仲間はずしにされる、と悩んでいる先生は少なくありません。

下校中にいじめられている子どもが授業中にもからかわれるのと同じで、ハラスメントにあっている教師は、学年会での発言も否定され、放課後も声をかけてもらえません。

パーソナルな関係とソーシャルな関係は分かちがたくつながっていて、連動しやすいものです。もしみなさんの学校で仲間はずしにあっている同僚がいたら、その方の味方になって寄り添い、守ることを、ぜひしていただきたいのです。

3　教師に必要な援助希求力

同僚や管理職との関係が良好な先生の場合でも、自分が窮地に陥ったとき、周囲が協力し合おう、助け合おうと思ってくれていても、当人がそれを受け入れないケースがあります。まじめで責任感の強いタイプの方ほど、仕事がうまくいかないときに、「自分が悪い」「できるまでがんばらなくては」と思い、問題を一人で抱え込みます。人に頼らず、自分の力で何とかしようとしてしまうのです。自分の仕事は自分できちんとこなすもの、相談したり休んだり助けを求めることは人に迷惑をかけることであり、無責任なことと思っているのです。

苦しいときに援助を求めることは、恥ずかしいことではありません。むしろ、耐えきれなくなるまで一人でがんばることのほうが、結果として周囲や家族に迷惑をかけてしまうことになります。うつ病になればその治療も長引いて自分も苦しみます。援助を求めないことのほうが恥ずかしいのです。

ベテラン教師が後輩の先生に助けを求めることも、管理職が周囲の力を借りることも、恥ずかしいことではありません。リーダーが弱音を吐くこと、周りに援助を求めることで、若手の先生も追い詰められる前に助けを求めることができるようになるのです。

前述のように、苦しいときに援助を求めることを「援助希求（ヘルプシーキング）」といいます。これは一つの能力であると考えてください。援助希求ができる人ほど、自己管理能力が高いのです。

しかし、そうとわかっていても、助けを求めることをためってしまう気持ちは、だれのこころにもあると思います。

次に、教師の悩みの内容を世代別にみて、対応策を考えていきましょう。

4　若手教師の悩みと対策

若手教師⇒先輩教師　甘え上手の教師になろう

「ベテランの先生方はいつも忙しそうだし、相談したら『そんなことも一人でできないのか』と思われそうで相談できない」という若手の先生は多いものです。

でも、たいていのベテランの先生方は、若手の先生から相談をされることを「うれしい」と感じています。むしろ、「うっとうしく思われるかも」という心配から、自分から声をかけるのを躊躇しているくらいです。

また、若手教師が相談をためらってしまう要因の一つに、「若手であっても一人前の教育者であるべき」というビリーフ（思い込み）があります。

これは、ご自身が思い込んでいるというだけでなく、周りからそのように期待されることが大きいせいもあると思います。

しかし、ベテランの先生であっても、教員生活の中では、うまくいかないことも、失敗することもあるものです。また、うまくいかなかったからといって、それはあなたが仕事にまじめに取り組んでいなかったからとか、力がなかったからではありません。

「最初から完璧にできる教師なんていない」「人に教えを乞える教師こそ一人前」というビリーフに書きかえ、頼り上手、甘え上手になりましょう。

「○○先生、教えていただけますか～」「助けてください～」と気楽に先輩教師に教えを乞う姿、助けてもらっている姿を子どもたちに見せることは、子どもたちにソーシャルスキルを教えていることにもなります。「一人で我慢せずに相談すればいいんだ」「困ったときは弱音を吐いていいんだ」と学ぶのです。

いつも完璧をめざす優等生の先生には、子どもたちも相談しにくいものです。自分の弱さを隠さず甘えられる先生、そして、どこか隙のある先生、ごまかさずに「あ～、失敗しちゃった」とペロっと舌を出すような先生に、子どもたちは相談しやすいのです。

若手教師VS若手教師

仲間はずしには、あえて「孤独」の選択も

いま、教員の年齢構成が大きく偏りをみせています。30代後半から40代の年齢層の割合が減り、若い教師が急激に増えています。学校の半分が若手教師という学校も少なくないようです。

職員室に若手教師の人数が増えるなか、同世代でも、うまの合う人・合わない人がいるのは当然のことです。しかし、そこで非常に問題なのは、若手教師同士の「仲間はずし」、いわゆる教師間のいじめ（ハラスメント）が発生していることです。

教師の間でグループをつくり、自分のグループのメンバーとだけ仲よくしてほかの人を排除したり、低レベルのいじわるをしたり、相手に聞こえるように悪口を言ったり……子どものいじめとまったく変わらない教師のいじめが横行しています。

「大人になって、しかも教師になって同僚からいじめにあうなんて」と、大きなダメージを受けた先生もいます。

このときに大事なのは、自尊感情を保つことです。自分を仲間はずれにするあの人は、過去に何かあったのだろうなと思うくらいで、あとは気にしないことです。それはあなたの問題ではなく、相手の問題なのですから。

そうした人たちとは仕事上でのかかわりと割り切り、校内を見渡して援助資源（相談できる

相手）を探しましょう。その相手は、どの派閥にも属していない、学校内の集団での力関係に頓着しない人がいいでしょう。学校に一人はいるものです。

弱音や悩みを聴いてくれる人、自分の味方になってくれる人、いざとなったときに一緒に管理職に相談に行ってくれる人、つまり、自分にとって「援助資源」（リソース）になってくれる人を一人でもよいので同じ職場に見つけることです。

見当たらないのであれば、あえて校内では「孤独でいる」という選択をとる方法もあると思います。ネガティブに考えず、いまはこの「孤独力」を鍛えるときと考えるのです。

そして一方で、援助資源を外に求めましょう。

新人研修の同期、大学のサークル、研修会のメンバー……悩みを聴いてくれる相手や場をつくることが大切になります。

私は、周囲に同調しすぎて自分を見失いかけている多くの人たちに、『孤独の達人──自己を深める心理学』（PHP研究所）、『孤独であるためのレッスン』（NHKブックス）といった本で「孤独力」を提唱しています。

「深い、一人の時間」をもつことではじめて、自己と向き合い、内面的な充足を得ることができるのです。

5　中堅・ベテラン教師の悩みと対策

ベテラン教師⇒管理職　仕事が一極集中する受難――援助希求力を発揮しよう

現在、教師全体の年齢層のバランスが悪くなっていることは、校内の先生方の関係性にも影響しています。20代の若手教師が増え、30代の中堅層、40代から50代初めのベテラン層の比率が減ったことで、特定の世代の教師に負担が集中してしまうのです。

ある小学校でこんなケースがありました。4学級編成の4年生で、学年教師は、2人は若手、残りの2人は、年配ですが転任してきたばかりの教師と、その学校は4年目の中堅教師。この学年は問題行動のある子どもが多く、中堅の先生は、そのうちの4人を学級で受けもつことになり、学級担任のほかに校務分掌でも多くの仕事を受けもつことになりました。

その先生は、「経験上、何とか一人で乗り切れるだろう」と思っていたのですが、フタを開けてみたら、学級は大きく荒れ、発達に課題のある子へのいじめも起きてしまいました。

こうした中堅・ベテラン教師の過剰な負担による受難は少なくないと思います。

本人は、管理職や同僚から期待されているという思いと、自分がやるしかないという持ち前の責任感で引き受けるものの、そこには限界があります。山積みの仕事を前に、しだいに「なんで私ばかり」という思いが強くなります。この「なんで私ばかり」という理不尽と多忙感に押しつぶされてしまう先生は少なくありません。

ここでまず大切なのは、「私さえがんばれば何とかなる」と考えないことです。もともとの仕事量が過剰なところに、新しく問題が起こればその対応にも追われます。このような状態を一人の力で乗り切ることは、どんな先生にも不可能です。ご自身がつぶれてしまう前に、抱えている業務量や分担について管理職に相談しましょう。「相談したところで何も変わらない」と思うかもしれませんが、まずは援助を求めないことには、何も始まらないからです。

たとえ解決が望めない場合でも、一人で抱え込んでいるのと、状況を知っている人が周囲にいるのとでは、いざとなったときに得られるサポートが異なります。

このような問題は個人の力ではいかんともしがたいものです。スクールカウンセラー、スクールソーシャルワーカー、養護教諭をはじめ、校内の資源は何でも活用し、チーム学校で対応にあたることを考えていきましょう。

ベテラン教師⇒若手教師　身構える若手教師のプライドに配慮する工夫を

同僚との関係では、若手教師への接し方に悩んでいるベテラン教師も少なくありません。

あるベテラン教師が、若手教師が担任する学級の荒れに気づきました。

これ以上荒れがひどくならないうちにと思い、「大丈夫？」と若手教師に声をかけたのです。すると、若手教師はこう言いました。

「ほうっておいてください。自分で何とかします！」

若手教師は、学級が荒れていることを管理職に報告されたら、ダメ教師のレッテルを貼られてしまう……そんな思いから、「相談なんてしない」と思っていたのです。

「弱い自分をみせたくない」。特にいまの若手教師にはその傾向が強いと思います。「助けを求めたら低い評価を受けてしまう」と思い、悩みがあっても相談できないのです。半面、「自分のことをわかってほしい」という承認欲求が強いのも、いまの若い教師の特徴です。

こうした現状から、「若手教師には声をかけにくい」と思っているベテラン教師は多いものです。しかし、「若手の考えることはわからない」「下手にかかわって、嫌がられるくらいなら、かかわらないほうがよい」とこころを閉ざしてしまえば、世代間の溝は広がるばかりです。

こうした若手教師には、「あなたの学級の○○がいいね！」と肯定の言葉かけを積極的にしたり、ベテラン教師から先に悩みを相談したりお願いしたりするとよいでしょう。

「うちのクラスの○○さん、少し気になる子なんだけど、あなたのことを、『笑顔が素敵な先生』って言っていたの。今度、話してみてくれないかなあ」などと、お願いをするのです。すると、若手教師もあなたに対して、相談したりお願いしたりしやすくなります。

6 「支え合う職員室」をつくるキーマンは管理職

まずは、管理職が自分のメンタルヘルスを維持しよう

毎朝だれよりも早く学校に来て、だれよりも遅く学校を出るのは、多くの学校で教頭（副校長）先生ではないでしょうか。

膨大な事務処理、教育委員会や各種機関からの調査への対応、保護者対応等々、毎日の激務に疲弊されている教頭（副校長）先生は多いことでしょう。

一方の校長先生は、学校運営や教職員を育成するマネジメント、地域連携や外部との調整、教師のメンタルヘルスへの配慮、加えて、今回の新型コロナウイルス感染症など緊急時やいじめの対応等々、さまざまな重責を担っています。

こうした現状をみれば、最近は、管理職のなり手が減っているのもうなづける話です。

管理職の先生方が「援助希求力」を高めることは大切です。前述のように、リーダーが弱音を吐くこと、周りに援助を求めることで、ほかの先生方も助けを求めることができるようになるのです。

しかしながら、管理職の悩みは、校内の先生方や地域の同僚には相談しにくい場合も多いも

のです。校長会や教頭会（副校長会）、かつての教師仲間、仕事と関係のない趣味の仲間や学生時代の友人、研修会などでグチをこぼし合う仲間を見つけていただければと思います。

教職員のメンタルヘルスを保つためには、まず管理職がご自分のメンタルヘルスを維持することが大切です。

管理職に対する先生方の思い

多くの教師にとって、理想の管理職は、傾聴と共感で先生方に寄り添いながら、いざというときには先生方を牽引していく強力なリーダーシップを発揮してくれる校長ではないかと思います。

ある小学校の先生は、「私にとって、校長先生の存在は、学校におけるお父さんです」と言います。

「保護者がすごい勢いでクレームをつけてきたとき、『お話は私が聞きます』と矢面に立ってくれました」

「学級が荒れて悩んでいたとき、『自分を大事にしてください。有給をとって温泉にでも行ってゆっくりするといいよ』と言ってくれたのです」

「毎日、10時過ぎまで学校で仕事をしていたとき、『今週の金曜日、私は行けなくなっちゃったから、あなたが行ってくれないかな』と、私が興味をもっていた映画の試写会のチケットをくれました」

いざというときに、自分を守ってくれる。心身の健康を気遣ってくれる。日常の様子をいつも見ていて、さりげなく元気になる声かけをしてくれる……こうした管理職のもとでは、先生方は大変な状況を何とかもちこたえることができるものです。

しかし、それが得られなかったときのダメージは、とても大きなものになります。

「保護者が猛烈な勢いで学校に押しかけてきたとき、校長は『君も大変だね』と言うだけで、何も助けてくれませんでした」

「校長から『君のクラスは荒れはじめているようだね。クラスの荒れは担任の責任だよ。しっかりしてくれないと困るよ』と言われました。私の学級は問題行動がある子が多いというのに、何もわかってくれません」

管理職に「守ってもらえなかった」というショック。否定的な評価を受けるばかりで、ギリギリでがんばっている自分を「わかってもらえない」というつらさ。それが蓄積して、うつになってしまう先生は少なくありません。

管理職という存在に対する先生方の思いは、それほど大きいのです。管理職は、このような期待があることを理解して一人一人の先生にかかわる必要があります。

「支え合う職員室」をつくる明るい声かけ

支え合う職員室、弱音が吐ける職員室、風通しのよい職員室をつくるキーマンは、なんといっても管理職です。

多くの学校を訪問して私が思うのは、管理職が陰湿な雰囲気を発している学校は、職員室が暗いイメージで静まりかえっていることが多いということです。先生方の関係においても管理的・評価的な雰囲気が強くなる傾向があります。

いっぽう、管理職が明るくみんなに声をかける学校では、職員室に活気があり、先生方のモチベーションも高いものです。ポジティブな言葉が飛び交い、自分の失敗もユーモアを交えて気軽に話せる雰囲気があります。学級の問題をオープンに相談できる環境を、管理職にはぜひ率先してつくっていただきたいと思います。

学年の教師集団でキーパーソンになるのは学年主任です。

「私は○○について困っているんですよね。みなさんはいかがですか?」などと、学年主任が率先して困り感を語ると、「実は私もこんなことがあって……。どうしたらいいでしょう」とほかの先生が打ち明けやすくなり、援助も求めやすくなります。

7 〔タイプ別〕管理職とのかかわり方のヒント

では、実際に管理職に助けを求めたいときには、どのように相談をもちかけるとうまくいくのでしょうか。管理職のタイプ別にコツを考えます。

支援型リーダーシップの管理職への相談の仕方

最近いわれるようになった新しいリーダー像は「支援型リーダーシップ」です。一般的にこのタイプの管理職には相談しやすいと思います。

メンバーに対するサポートや奉仕を重視し、傾聴と共感で信頼関係を築きます。相手の能力を肯定し、問題の解決に協力したり、相手の成長に貢献するのです。

ただし、強いリーダーシップ（支配型リーダーシップ）を求める先生には、「少し頼りない校長」と映る場合があるかもしれません。

「ここは校長に決断してほしい」というところで、「みんなの意見を聞いてから」と言われるかもしれません。しかし、人を理解し、支えたいという姿勢をもっている校長なので、率直に悩みを打ちあけて、業務の改善について相談しましょう。

従来型のリーダーシップの管理職への相談の仕方

「支配型リーダーシップ」は従来型のリーダーシップです。

一般的なイメージでは「支援型リーダーシップ」の対極に位置します。強い意志をもって部下を牽引していく「親分肌のリーダーシップ」です。リーダーとメンバーが共同で意思決定を行う「民主型リーダシップ」をあわせもっているような校長先生も少なくないでしょう。

このタイプの校長は、部下に甘えられるとうれしいので、積極的に頼っていくとよいでしょう。ただし、リーダーとしてプライドが高いので、相談する際は、批判的な口調にならないように、一歩下がった姿勢でお願いしましょう。

ことなかれ主義タイプの管理職への相談の仕方

このタイプは、失敗を恐れ、前例のないテーマには積極的に取り組もうとしません。重要な決断ができず、教育委員会の評価や保護者からの非難を気にし、自分の地位が脅かされるようなことは避けます。相談する相手としては最もむずかしいタイプでしょう。先生方が管理職との関係でいちばん悩むのも、このタイプの管理職ではないでしょうか。

このタイプの校長は、こちらが一生懸命に話しても「自分の仕事を増やす面倒な人」と思われるのが関の山です。相談する際は端的に結論をまとめた資料を用意し、重要な点に絞って話をしましょう。

なお、相談は一人ではなく複数人で行くことで、重要性を認識してもらいやすくなります。一緒に管理職にかけ合ってもらえる仲間、日ごろから援助支援となってくれる人をつくっておくことが大切です。

どのタイプの管理職であっても、自分が「もうダメだ」と追い詰められた状態になってから相談に行くのではなく、こころの余裕がある時点で相談するようにしましょう。

追い詰められた状態では相手に対して批判的・感情的になるため、管理職から、「この人はただ苦情をぶつけるために来た」と思われてしまいます。これは得策ではありません。話し合いのテーブルにつけなくなり、管理職との関係も、職場でのあなたの立場も危うくしてしまいます。冷静に、しっかり自分の考えを伝えられないと思ったら、手紙を書く、だれかに間に入ってもらうなども有効です。

「パワハラかも」と思ったら

「私は管理職から大事に思われていない」と考える先生は多いものです。しかし、それがパワハラにあたるのかを判断するには、客観的な視点が大切になります。精神的に安定している場合は、その判断ができますが、自分が精神的に不安定になっている場合は、被害者意識が強くなってしまうからです。

厚生労働省では、職場のパワーハラスメントの定義を以下のように定めています。

「職場において行われる①優越的な関係を背景とした言動であって、②業務上必要かつ相当な範囲を超えたものにより、③労働者の就業環境が害されるものであり、①から③までの三つの要素を全て満たすもの」

では、具体的にどういうことがパワハラにあたるのか、その判断はむずかしいものです。ストレートに言うと、「これはどうしても屈辱的である」と感じることがパワハラだと考えてもいいでしょう。

まずは、出来事について自分で検証したうえで、「これはパワハラだ」と思ったら、周りの人に客観的な目でみてもらいましょう。そこでもパワハラだと判断されたら、まず校内で相談しましょう。教頭にパワハラを受けている場合は校長に、校長に受けているとしたら校長と懇意にしている主任や主幹に相談に行くとよいと思います。その際は一人で動かず、同僚に付き添ってもらいましょう。

それでも解決の糸口が見つからない場合は、教育委員会等の相談窓口で相談しましょう。守秘義務は守られますので、安心して相談してください。

8　味方になってくれる人を探そう

まずは校内で探す

援助資源になる人を一人でも身近につくること。これが長い間教師生活を送っていくうえで一度は訪れるであろう試練のときに、あなたを救ってくれる「命綱（ライフライン）」になります。

まずは、援助資源になる人を身近で探してみましょう。

同じ学年の先生、ほかの学年の先生、校長・教頭（副校長）、養護教諭、分掌組織でチームを組んでいる先生、特別支援教育コーディネーターの先生、スクールカウンセラー、あるいは保護者のなかに援助資源になる人がいるかもしれません。

学校外に目を向ける

しかし、いまの勤務校では、援助をしてくれそうな人がどうしても見つからないという場合もあると思います。そのときは、学校外に広く目を向けてみましょう。

以前の勤務校の同僚や管理職、研究会・勉強会で知り合った先生などです。あるいは、恩師、学生時代の友人や趣味の仲間など、教員ではないプライベートの仲間でもかまいません。

わかり合える仲間、相談できる友人・知人、話をじっくり聴いてくれる人、そんなに話はしなくても「一緒にいるとほっとする人」――こうした人々がいれば、こころの大きな支えになります。

話を聴いてくれる・相談できる場をもつ

ある新任の先生のお話です。

この先生は、初年度に担任した学級でいじめが発生してしまい、被害者の保護者から責められました。校長先生がうまく対応してくれたことでことは収まりましたが、ショックは大きかったと言います。気落ちしているところに、校長先生が「君はこれに行ったらどうだい？」とある研修会の案内を渡してくれたと言います。

この新任の先生にとっては初めての外部での研修会参加でしたので、最初は少し緊張したものの、和気あいあいとした雰囲気で、すぐに打ち解けたそうです。

小グループになり、自分の悩みを打ち明けるワークに入ったとき、口火をきった中堅の先生が、ご自身の学級で発生したいじめの話をしました。すると、次のベテランの先生も「ああ、わかる、わかる。私もね……」とご自身の学級で起きたいじめの話をしたのです。

その新任の先生も勇気を出してご自身の体験を話しました。すると、「ああ、それは大変だったね」とねぎらってくれたり、「校長がいい対応をしてくれて、あなたラッキーよ。『新任だからって甘えないで、自分で何とかしろ』って言われる場合もあるんだから」と言ってもらったことで、校長先生への感謝の念がわいてきたそうです。何より、自分だけがつらい思いをしているわけではないことがわかり、安心したと言います。

外部の研修会・勉強会にはこうした効果があります。①自身の学習のために、②ストレス解消のために、③援助資源を探しに、新任のころから外部の研修会・勉強会に参加する習慣をつけるとよいでしょう。

評価や利害関係のないなかで、自分の悩みを言葉にして語ったり、ほかの方の悩みを聴かせていただくことで、それまでモヤモヤしていた感情やこころの傷が変化していきます。こうしたセラピー的な役割も研修会・勉強会にはあるのです。

教師を支える会に参加する先生方からも、自分がとてもつらかったとき、そして校内では味方になってくれる同僚がいなかったとき、「支える会に来て、話す場があってよかった」「ここでしか話せない」「わかってもらえてよかった」という声をたくさんお聞きします。

教師人生をまっとうするうえでいちばん必要なのは、「支え合える仲間」の存在です。

9　指導観の違いにどう対応するか

学校（管理職）と自分の指導観の違いへの対応

同僚や管理職との「指導観の違い」に悩む先生も多いものです。所属する学校の指導方針に適応できず、「自分に非があるのでは」と思い込んで悩んでいる先生もいます。私はこうした先生方に、いつも次のように言っています。

「指導重視の体育会系の校長のもとでは『あなたが甘やかすから、子どもの問題行動が多くなる』として、低い評価をされていた方が、カウンセリングマインドを大切にする校長の学校に異動になったとたん、とても有能な教師として評価されることがあります。

反対に、カウンセリングマインドを大切にする校長のもとでは、『あなたが強い指導をしすぎるから不登校が増える』と言われ、低い評価をされていた方が、指導重視の校長の学校へ異動になったとたん、とても有能な教師として評価されることもあります。つまりは、先生と管理職の〝相性の問題〟であることが少なくないのです」と。

「自分の能力が低いのではない」「この学校と私の相性が悪いのだ」――そのように疑ってみる視点をもちましょう。

第3章
教師が「うつ」とつき合うために

1　教師にとって身近な「うつ」

読者のみなさんは、うつになる先生は特別な人だと思っておられるかもしれません。しかし、教師受難のこの時代、うつは先生方の身近にあるものです。

うつは教師の勲章

ある小学校での研修会終了後のことです。

教頭先生が、講師を務めた私を駅まで車で送ってくださり、車中でこんな話をしてくださいました。

「先生、今日の研修のテーマ、学級崩壊でしたね。実は私も学級担任をしていたときにあったんです、学級崩壊したことが。それで、うつになって……。ちょうどいま通る、あそこのメンタルクリニックに通いながら、かろうじて勤務していたんですけれども……。でもね、保護者会で、『ヤ・メ・ロ。ヤ・メ・ロ』とヤメロコールをされて一気に落ちてしまいました。それで、もう限界だと思って、校長に相談しに行ったのです。

『校長先生、実は私、うつになってしまって……。この抗うつ剤をのみながら、いままで何とかやってきました。でも、もう限界です。今日は休職のお願いに来ました』と。

するると、校長先生がこう言ってくれたのです。

『そう。君はその薬をのみながら、何とかやってくれていたんだね。僕は、この薬をのみながら、何とかやっているのだけど……』

そう言って、校長先生は、ご自身が服用している薬をポケットから出して見せてくれました。よく見ると、私がのんでいるのと同じ系統の抗うつ剤でしたが、校長先生のほうがグラムが倍でした。そして、

『君ね。親も、子どもも、むずかしくなったこの時代。まじめに教師をやっていたら、1回や2回はうつになるのがあたりまえ。むしろ一度もうつにすらなったことがないのは、どこかで手を抜いている証拠。うつは教師の勲章だよ……』

とやさしくおっしゃいました。私は校長のこの言葉に励まされて、いままで教師を続けてこられたようなものです」

このお話を聞かせてくださった先生は、その後、校長になりました。ご自身の経験を生かされ、先生方のつらい気持ちに寄り添い、弱い立場の人を守ることができる校長先生になられたのではないでしょうか。

怖がらず、予備知識とセーフティネットをもつ

大切なのは、「うつになったら大変だ」と怖がらないことです。うつは特別なものではありません。ハードな環境に追い込まれると、だれでもすぐになります。これから教師になる方は、「一度くらいはなるのがあたりまえ」という前提で教師になるのがいいと思います。

「自分はうつになるはずがない」と思っている方も、うつに関する症状などの予備知識をもっておくに越したことはありません。自分では気がつかないうちにうつが進行してしまい、ある日当然、ストンと落ちて休職になることも少なくないないからです。

精神的不調は、早い段階では気づきにくく、ご自身が不調を自覚しないと相談や受診につながりにくいため、早期自覚・早期対処が大切になります。早期に対処すれば、休職することなく、メンタルクリニック等への通院で軽快に向かうことも少なくありません。

うつは「ならないようにするもの」ではなく、「上手につき合うもの」と考えるのがよいと思います。

不要に恐れず、けれど予備知識をもっておくこと。そして、いざというときに備えて、人的なセーフティーネットをつくっておくこと、職場に一人は必ず自分の味方になってくれると思える人をつくっておくことです。

2　うつは「こころの肉離れ」——睡眠のサインを見逃さない

多くの先生方は情熱と根性の塊です。それゆえに「私、もう無理。限界かも」と思っても、「まだ大丈夫。何とかなる」と、ご自分をごまかして忍耐で仕事を続けます。それがたまりにたまって限界に達したとき、とうとう自分の中で何かがプツンと切れる音を聞く……。こうしてうつになり、休職につながることがしばしばあります。

私はうつを「こころの肉離れ現象」と表現しています。足に肉離れを起こしたら走れません。それでも根性で走ったら、致命傷になってしまいます。それと同様に、心身が発するサインを無視して根性と忍耐で突っ走ると、症状はさらにひどくなり、やがて、限界を迎えることになります。こころの肉離れ（うつ）には安静が第一です。

無理をためながら、何とかメンタルヘルス不調にならずにすんでいる先生と、限界まで達して何かがプツンと切れてしまわれる先生がいます。その違いは、ご自身の体が発するシグナルに気づけるかどうかです。最大のシグナルは睡眠障害です。うつ病患者の約85％に不眠があるといわれます（Sunderajan et al　2010）。

睡眠障害には、次のようなものがあります。

・寝つきが悪い（入眠障害）
・いったん眠りについても、朝起床するまでの間に何度も目が覚める（中途覚醒）
・翌朝の起床予定時間よりも2時間以上前に目がさめて、その後は眠れない（早朝覚醒）
・睡眠時間はたりているはずなのに、ぐっすり眠った感じが得られない（熟眠障害）

これらが続くようなら、メンタルクリニックや睡眠障害を専門とするクリニックを受診してください。そこで睡眠導入剤を処方してもらうなどして、まずは熟睡することが大切です。

睡眠はとても重要です。眠ることができているだけで、メンタルのコンディションはまったく違ってきます。熟睡できていないと、脳が休んでいない状態になります。

また、熟睡できていないと、おなかのあたりに不快感を感じることがよくあります。それで、胃腸の調子が悪いと思うのです。しかし、市販の胃腸薬の多くには緊張を緩和したり気分を爽快にしたりする成分が入っていますので、それを飲むことで一瞬だけ気分もスッキリします。こうして不眠をごまかしてしまうことによって、ダメージがひどくなってしまう先生も少なくありません。

①どんなに体がしんどくて眠れなくても、根性と忍耐で突っ走ろうとするか、あるいは②体が発するシグナルに気づいて、医療機関を受診し、睡眠の質を改善することができるかどうか。ここが、その後の教師人生が大きく変わる分岐点になることが多いのです。

3　早めの受診が早期回復のカギ

このように、うつの早期発見のために重要なのは、第一に睡眠障害のサインに気づくこと。さらに次にあげる症状がある場合も、医療機関等への受診を考えましょう。早期自覚・早期発見、そして早期治療が早期回復のカギです。

・**自分で感じる症状**――眠れない、憂うつだ、気分が沈む、不安になる、イライラする、悲しい気持ちになる、元気が出ない、集中力がない、好きなこともやりたくない、自分を責める、ものごとを悪いほうへ考える、死にたくなる。

・**体に出る症状**――体がだるい、疲れやすい、食欲がない、性欲がない、頭痛、肩こり、動悸、胃の不快感、便秘がち、めまい、口の渇き。

・**周囲からみてわかる症状**――表情が暗い、涙もろくなった、反応が遅い、落ち着かない、飲酒量が増えた。このほか、周囲の人が気づきやすいサインとして、机の上が整理できなくなる、書類のミスが増える、書類の遅れが多くなる、他者に反抗しやすくなる、児童生徒に感情を爆発させてしまい保護者からクレームがくる、などがあります。特に教頭（副校長）は、先生方のこうした様子に気づく機会が多いと思います。

4　受診する医療機関の選び方

精神科、精神神経科、メンタルクリニック、心療内科の相違

精神科、精神神経科、メンタルクリニック、心療内科、と医療機関の看板に書かれている診療科目名の違いは何でしょうか。精神科、精神神経科、メンタルクリニックは、一般に、不安や落ち込みなどの気分症状、幻聴や幻覚などの精神症状、眠れないあるいは寝すぎてしまうなどの睡眠症状など、こころの症状をみる診療科です。いっぽう、心療内科は、心理的な要因で体の症状（頭痛や胃痛、過敏性腸症候群など）が現れる、いわゆる「心身症」をおもな対象とし、身体症状とこころの症状の両面から対応します。

なお、開業時、医師は国が定めた診療名から標ぼう科目を選ぶことができます。そこで、精神科医が開業するとき、精神科とすると患者さんの敷居が高くなると考え、心療内科やメンタルクリニックと標ぼうする場合もあります。なお、神経内科は、脳などの中枢神経等の疾患を専門としメンタルヘルスは取り扱わないのが一般的ですが、こころの病気も含めて診ている医療機関もあります。ホームページなどで、診療内容を確認しておくとよいでしょう。

また、「診療所、医院、クリニック」は、入院用のベッドがない、あるいは19床以下の医療

機関を指し、病床数20床以上の入院施設をもつ医療機関を「病院」といいます。

よりよい医療機関の選び方

受診する医療機関は、養護教諭やスクールカウンセラーに相談すれば、評判のよいところを紹介してもらえると思います。しかし、「近くのクリニックに行って、もしも知り合いに会ってしまったら嫌だな」と近隣の医療機関の受診に抵抗があるという方は少なくありません。その場合、学校や自宅から少し離れたところに通われるとよいでしょう。電車で小一時間くらいかかる隣県の医療機関に行くと安心感は高まります。

口コミやインターネットの情報で評判のよい医療機関の候補をピックアップして選ぶのもよいでしょう。その場合、近くに、自分の楽しみになるところ、例えば、おいしいレストランや劇場、美術館などがあると、通う楽しみができるのでおすすめです。

治療は医師との相性も大切です。受診してみたけれど、「とにかく指示に従って」などと高圧的な態度をとり、ろくに話も聴いてくれない医師であれば、医療機関をかえることも検討しましょう。次々と医師をかえるドクターショッピングをすると治療が滞りますのでおすすめできません。①患者さんの話をていねいに聴き、②こまめに薬の微調整をしてくれる、この2点をポイントによい医師を探すとよいでしょう。

5　うつの基礎知識

教師の精神疾患の現状

文部科学省の調査によると、「平成30年度の教職員の精神疾患による病気休職者数は、５２１２人（全教育職員数の０・５７％）で、前年度の５０７７人（０・５５％）から増加」しています。精神疾患による病気休職者数は、平成19年度以降５０００人前後で推移しています。

教師の窮状はなんら変わりません。しかも、この数値は、休職まで追い込まれてしまった人だけの数値です。「最近の自身の状態について」聞いた調査では、「ひどく疲れたことがあった」と回答した教員は9割強、「イライラしていることがあった」と答えた教員は約8割にのぼります（日本労働組合総連合会、２０１８年）。

休職していない「うつ予備群」や「隠れうつ」の先生方がたくさんいるのです。

うつ病の重症度と治療法の基礎

うつ病は程度によって、以下の三つに分けられます。

軽　症：苦痛は感じられるが、対人関係や仕事をするうえで困ることはあまりない。

中等症：軽症と重症の中間。
重　症：苦痛で、仕事や私生活に大きな支障が出ている。

人によって当然、必要な治療方法も異なります。環境が変わるだけで（例えば、自分に批判的な教頭がほかの学校に異動するだけで）、うつが消える方もいれば、薬物療法とカウンセリングなど、複数の治療法を組み合わせることが効果的な方もいます。薬物療法だけに頼らず、効果のある方法を医師とともに模索することが大切になります。

うつ病の治療では、カウンセリングによる「生き方の修正」が大きな意味をもつこともあります。「こうでしかあり得ない」と生き方や考え方が凝り固まってしまうと、人はうつになりやすいのです。その場合、より柔軟な考え方、生き方ができるように、カウンセリングを受けて変えていくことが大きな意味をもちます。

現在よく使われる抗うつ薬は、副作用が少ないと思われがちですが、人によっては頭痛、下痢、吐き気などの副作用がみられる場合もあります。服薬の開始時と減量・中止時には、かえって不安感やイライラ感が強くなることもあるようです。薬の種類や量の決定は、ベテランの医師でもむずかしいものです。薬が合わないと感じたら、（次の受診日を待たずに）気軽に医師に相談し、薬の調整をしてもらうとよいでしょう。

column

若手教師の「新型うつ」に、ベテランや管理職はどう対応すべきか

若者に多い「新型うつ」とは？

最近、20代や30代前半の教師に多くみられるのが、「仕事がうまくいかないのは、同じ学年の教師や管理職のせいだ」などと他者を責めて抑うつ的になり、働けなくなるケースです。いわゆる「新型うつ」と呼ばれるタイプです。

「新型うつ」はマスコミ用語であり、そもそも病気として分類されるものか、議論がなされています。

日本うつ病学会では、「新型うつ」について、次のように説明しています。

「若年は、（中略）軽度発達障害の方が社会にでて、適応困難を起こしやすい時期でもあります。これらの鑑別診断がきわめてむずかしく、専門家が精神科診断面接を数多く重ねて初めて見えてくるものなので、安易に新型うつ病や非定型うつ病と決めつけることは誤診につながります」

「新型うつ」は「非定型うつ病」に近く、その特徴は次のようなものです。

1　若年者に多く、全体に軽症で、訴える症状は軽症のうつ病と判断がむずかしい。
2　仕事では抑うつ的になる、あるいは仕事を回避する傾向がある。いっぽう余暇は楽しく過ごせる。
3　仕事や学業上の困難をきっかけに発症する。
4　患者さんの病前性格として「成熟度が低く、規範や秩序あるいは他者への配慮に乏しい」などが指摘される。

また、抗うつ薬は、新型うつにはあまり効かないことが報告されています。

「新型うつ」の若手教師の特徴は

新型うつの若手教師は、「自分のことを周りの人は理解してくれない」と思い込みます。そして、仕事にやる気が出ない、がんばれない状態に陥ります。就業中は元気がないものの、気の合う仲間とのアフターファイブでは元気になるので、一見、「怠け」としか見られないことも多いのですが、実は本人も苦しんでいて、思うようにならずにいます。

若い世代に他罰的な人が増えた理由の一つに、自分を理解してくれる大人に囲まれて育ってきたことがあげられます。

両親はもちろん、小学校から大学まで出会った教師も、優等生の自分を理解してくれる、ほめてくれる、そんな人たちばかりだったので、「周りの人は自分を理解してくれて当然だ」と思うようになるのです。その結果、社会に出て初めて「思うようにならない現実」に直面し、どう対処すればよいのかわからなくなるのです。

「新型うつ」の若手教師に同僚や管理職はどうかかわるか

同僚や管理職にとって、新型うつの若手教師とかかわるのは困難をきわめます。「あなたたちが悪い！」「私が仕事がうまくいかないのは、私の能力を理解してくれないあなたたちのせいだ！」と責めてきたり、場合によっては「ハラスメントだ。訴えます」などと言われることもあります。

しかし、新型うつの教師も、従来型のうつと同様、「本人はとても苦しんでいる」ということを念頭に対応する必要があります。

攻撃の標的にされ、直接非難を受けている先生は、「一歩引く」のが賢明です。新型うつになっている先生と関係が良好な先生、養護教諭やスクールカウンセラーなどが前面に立ち、「周りを非難せずにはやっていられない気持ち」を、その人のこころの内側から理解していきます。

新型うつの教師がそのかたくなな考えを変えていくには、「自分を完全に受け入れ、理解してくれる人」の存在が必要です。「わかってくれる人」のもとで自分を見つめていく体験が必要なのです。

周囲の人は「裁かない姿勢」を崩さないことが大切です。けっして「人のせいにばかりしてるんじゃないぞ！」などと叱責しないでください。「裁かれる気配」を感じたとたんに、こころを閉ざしてしまうからです。

新型うつの若い教師のよき理解者となることから始めましょう。そして、その若手が「わかってもらえない、思うようにならない現実の中で、それでもできることをやっていくのが大人の仕事なのだ」ということを、少しずつ、少しずつ、徐々に腹落ちしていくことができるようにサポートしていきましょう。

それには相当な時間がかかります。そして、「いま自分ができること」に、小さなことでいいのでトライして、それを少しずつ増やしていけるようにします（スモールステップの原則）。

苦境に陥ったとき、そこから回復できる人は、「小さなできること探し」がうまい人です。

6　診断から治療、職場復帰までのステップ

「うつ病になったら休職（退職）しなければいけない」と思っている方もいますが、早く治療を開始すれば、①十分な休息、②薬物療法、③カウンセリングやサポートグループ、リワークなどへの参加で、比較的短期間の通院で回復していく方も少なくありません。

たとえ休職になったとしても、心身の健康を取り戻して再び教壇に戻り、活躍されている先生方もたくさんいらっしゃいます。うつ病には、だれもがなる可能性があります。「うつ病になっても大丈夫だ。何とかなる」と柔軟に考えることです。

①　とにかく休養

うつ病になったら、大切なのは、一にも二にも休養です。体を休養させるだけではなく、こころをゆっくりと休養させ、リラックスさせることです。食事から栄養分をしっかりとることがとても大事です。また、自分へのごほうびとして、楽しいことをたくさんして、こころの栄養分を蓄積しましょう。

②　治療に専念する

睡眠障害に対しては、医師に睡眠導入剤を処方してもらうなどして、「とにかく熟睡」でき

るようにすることです。睡眠が何より大切なのです。治療について不明な点があったり、薬が合わないと感じたら、遠慮なく医師に相談しましょう。

③　孤立しない・させない

休職中は、校長と定期的に連絡を取り合うことになります。「校長からあたたかい言葉を常にかけてもらったことが、復帰の助けになった」という先生方は少なくありません。ここで、孤独感・孤立感を深めることなく、信頼できる同僚・上司とつながりをもつことは、復帰に向けた大きなポイントになります。

④　サポートグループや研修会等への参加で自己理解を深める

休養と治療で、少しエネルギーがたまってきたら、カウンセリングを受けたり、「教師を支える会」などのサポートグループに出て、似た立場の人と交流することが有効です。さらに、私が主催する「気づきと学びの心理学研究会〈アウェアネス〉」のような心理学の体験的な研修会に出るなどして、自分自身を見つめ、自己理解を深めていくことです。

それによって、どんな無理が自分自身にたまっていたのか、何をするとまたうつ病になってしまうのか、理解を深めることができます。

⑤　職場復帰訓練から復職へ

心身ともに健康を取り戻し、主治医から「復職可能」の診断を受けたら、復職希望の申し出をします。そして、復職プログラムの作成・承認を得て、復職プログラムの実施となります。その後、授業を滞りなく行えるかなど、復職の可否について慎重に判断されます。復職可となったら、晴れて復職となります。

復帰の時期や勤務場所も重要です。しかし、現実としては、休職明けは、多くの場合、元の学校で復職することになっています。職場の人間関係がうつ病のおもな原因なのに、またその職場に戻されてしまったら、元の木阿弥になるかもしれないのにです。多くの先生がこの点で苦しんでいます。

順調に復職できるかどうかの大きなカギは、「受け入れる側」の姿勢です。それに成否の8割はかかっているといってもいいでしょう。

「はれもの」に触るような周囲からの声かけは禁物です。休職明けの先生にも「これまでと変わらない自然な声かけ」を心がけましょう。

業務については休職明けの先生と細かく打ち合わせをして、「本人ができること」「周囲が肩代わりをしたほうがよいこと」を〝本人センタード〟で決めていきましょう。例えば、保護者会での攻撃がトラウマになって休職していた先生には、「保護者会は複数の教員で行う」などの工夫をするのです。

7　落ち込むこころと距離をとる方法

休職している間には、「瞑想法」を学ぶこともおすすめします。

すでに心理学を学んでいる方は、マインドフルネスを実践したり、フォーカシングを学ぶのもよいでしょう。

うつ病が再発してしまう場合というのは、「自分の中の落ち込みと距離がとれない状態」になっています。急激に落ち込んでしまうと、自分自身のすべてが一緒に沈んでしまう。これでうつ病が再発しまうわけです。

そこで、マインドフルネスやフォーカシングの「クリアリング・ア・スペース」を学んで、自分自身の中の落ち込みと自分との間に、少し「距離をとる」練習をするのです。すると、ちょっとしたことで落ち込んでいる感じがあっても、「私の中に落ち込みがあるなあ」「私の中で何かが沈んでいくな」と、「ただそのまま認める姿勢」を保つことができるようになります。すると、うつ病再発のリスクは相当に低くなると思います。

第5章では、マインドフルネスの説明やフォーカシング等をベースにしたセルフヘルプ法を紹介していますので、ぜひご活用ください。

また、私が主催している「気づきと学びの心理学研究会〈アウエアネス〉」でも、例年秋に実施している「フォーカシング・ベーシックコース」で、自分と自分の落ち込みとの間に距離をとる方法、「クリアリング・ア・スペース」を学んでいます。よろしかったらぜひご参加ください。

そうして学んだ方法は、学校で、子どもたちのメンタルヘルスをサポートする際にも役に立ちます。うつを経験した先生方が、立ち直って学校に復帰し、悩んでいる子ども、不登校の子どもへの理解が急速に深まっていき、教育相談のエース的存在になっていく……。そんなことがしばしばあります。

大切なのは「一歩立ち止まる」ことができるか

うつと上手につき合うために必要なことは、「ストレスがたまっているなあ」と感じている段階で、「一歩立ち止まる」ことができるようになることです。

そこで「いやいや、大丈夫。もっとがんばらなければ」と自分を奮い立たせて、突っ走ってしまう人は、さらにストレスを募らせていきます。

いっぽう、「ストレスがたまっている」ことに気づき、ここで「立ち止まることができる人」は、ご自身の趣味やスポーツでリフレッシュしたりすることができます。趣味や適度な運動は、効果的なうつ予防として知られています。

何より、周りの人に自分の悩みを相談できることがうつの予防になります。うつになって研修会・勉強会に参加して、そこで人間関係を広げられた先生方は、「もっと早くネットワークを広げておけばよかった」と言います。うつが重くなれば、外出もままならず、研修会に参加する意欲もなくなってしまいます。

「転ばぬ先の杖」として、心身が健康なうちに、「本音で話ができる場所」を見つけておくこと。これがうつ予防の大きなポイントです。

8　トンネルを抜けた先に

苦しみを通して子どもの悩みに寄り添うことができる

私が教師の悩みをサポートする活動を20年以上にわたって行い、先生方のお話を聞かせていただくなかでわかってきたことの一つは、悩んでいる先生は、悩み苦しむことを通して、「悩んでいる子どもに寄り添う力」を身につけることができるということです。

例えば、同僚や管理職からひどい仕打ちを受けた経験がある先生は、いじめにあった子どもの苦しみが痛いほどわかり、だれよりも寄り添うことができるはずです。

うつ病で休職になり、しばらく家から一歩も出られなかったという、つらく苦しい時間を過ごした先生は、「不登校の子どもの一番の理解者」になれるはずです。

「多数者優先の教師」と「少数者の子どもの声を代弁する教師」

しかし、いまだに学校においては、「みんなと同じようにすることが何よりも大事」「みんなと同じにしてもらわないと困る」「みんなと同じにできない子どもは学級にくるべきではない」といった考え方の先生がいます。

それは、しばしば不登校やいじめ、発達障害といった「弱い立場に置かれた子どもたちをめぐる対応の仕方」において、教師間の価値観の対立として現れます。

ある子どもが教室に入れずにいたとしましょう。

そうした子どもは、教室以外の場所、すなわち「別室」に居場所を求めます。多くの学校ではこうした別室を利用することで、子どもに居場所を提供しようとしています。

問題は別室登校の子どもに元気が出始めたときです。多くの子は、やはりすぐ教室に戻ることにはためらいをおぼえます。それは当然のことです。もとより、教室にいるのがつらくて不登校になりかけたのですから。元気が出たからといって、すぐに教室に戻そうとすると、多くの子どもたちは足がすくみます。

しかし、常に多数者側にいる教師は、「元気が出たのなら教室に戻りなさい」「元気があるのに教室に行けないのだったら、そもそも学校に来なくてよい」という立場をとります。

その子にもみんなと同じであることを要求し、教室に入れない場合は、その子（少数者）を切り捨てようとするのです。少数者の子どもの声を代弁する教師に対しては、「甘やかしすぎ」「甘すぎる」といった非難を向けます。

こうした対立は、いじめられた子どもをめぐる対応や特別支援教育においてもみられます。

「本物の教師」になる

「教室に入れない子どもは切り捨てても仕方がない」と考える背景には、「非効率的で時間やエネルギーを余分にとられることはしたくない」「学校にはたくさんの子どもがいるのだから、一人の子どもに対してそこまでやることはできない」という、多数者優先の価値観があります。あるいは、「みんなと同じようにできないのは甘えや怠けだ」という決めつけのもと、自分の枠組みでしか子どもを理解できないのでしょう。

心ある教師や、自分もつらい体験をした教師は、このような子どもの気持ちに寄り添おうとします。教室に戻ろうとしても足がすくんで戻れずにいる気持ちに寄り添い、子どもの声を代弁し、子どもを守ろうとします。

・徹底的にその子の視点に立つ
・寄り添う
・守る

——これは、とても手間がかかることですが、教師としてこれよりも大切なことは何もありません。

信念をもってそうすることができる教師だけが、「本物の教師」なのです。

学校に広まるカウンセリング――「個」対象から「集団」対象へ

学校では1980年代から2000年にかけてカウンセリングが広まりました。そこでは、カウンセリングのもつ「個」を大切にする姿勢が魅力を放っていました。集団優先の日本文化にあって、「個」を大切にするカウンセリングの姿勢は、当時の学校教育にとってインパクトがありました。

その後の20年間、2000年から2020年までは、「集団」を対象にしたカウンセリングの方法が学校に広まっていきました。これには、「問題が起きてからの後追い指導」から、「問題が起きる前にこちらから打って出る予防的対応」へのシフトという大きな意味がありました。いま、構成的グループエンカウンターやソーシャルスキルトレーニング、社会性育成のプログラムなどについて、まったく知らないという先生はほとんどいないのではないかと思います。

教師がカウンセリングを学ぶ意義

しかし、カウンセリングが学校に広がる過程で「見落とされてきたもの」がなかったわけではありません。ともすると、「常に少数（弱者）側にいる個人から、ものごとを徹底的にみる」「寄り添う。守る」という、カウンセリングの原点ともいうべき視点が希薄になってしまったように思われるのです。

これは、学校現場におけるカウンセリングの世界のなかで静かに進行している大きな喪失であり、危機です。不登校の子、いじめられている子、ＬＧＢＴＱの子、発達や愛着の問題を抱えた子……こうした「少数者」の子どもの視点に徹底的に寄り添い、守る。職場であれば、メンタルヘルスが不調の職員の視点に立ち、寄り添い、守る。こうした視点が学校において希薄になってしまいがちなのです。

私は、教師がカウンセリングを学ぶということは、つまるところ、次の5点を身につけることではないかと思っています。

1　常に少数者（弱者）の視点から、ものごとを見る。寄り添う。守る。
2　少数者（弱者）の人が、援助希求（ヘルプシーキング）できる工夫をする。
3　一対一で、十分に耳を傾ける。傾聴する。その子と、深くこころを通わせる。
4　「待つ」だけでなく、「打って出る」。こちらから、リレーション（ふれあい）を積極的につくる。
5　「個」と「集団」の両方の視点をもつ。

カウンセリングを学び、こうした姿勢をもつ先生方は、学校における教育相談の最も重要な部分を担うことのできる方たちです。そしてまた、そのような方は、同僚や教師との「支え合う関係」をつくるための校内キーパーソンでもあるのです。

第4章

教師の手記

私の教師としての悩みと苦しみ、その先にみえたもの

こころの交流の場として

1999年にスタートした「教師を支える会」は、月1回のペースで21年以上にわたって活動を続けています。この会では、多くの心ある先生方、子どもたちのために力を発揮したいと思い、けれども思うようにならずに苦しんでいる先生方が集い、お互いに悩みを語り合い、聴き合っています。

「教師の悩みは教師にしかわからない」――多くの先生はそう言います。

教師が集まって悩みを語り合うことのよさは、単にスッキリする、カタルシスを得られる、ということだけではありません。人はわかってくれるだれかに悩みを語ることで、自分の気持ちを整理でき、いまの自分を見つめることができるようになるのです。

悩みを語り、聴いてもらっているうちに、「ああ、そういうことか！」と自然に気づきを得られることは少なくありません。一人で悩んでいるのと、わかってくれる仲間と一緒に悩むのとでは、大違いなのです。

本章で紹介するのは、教師を支える会に参加された先生方が、自身の悩み苦しみを綴ったものです。

教師を続けるなかでどんな悩みをもち、どんな軌跡を経て、苦しみから脱することができたのかが記されています。

本書に記された先生方の悩みを読むことで、「そうか、そういう考え方もあるのか」と気づきを得ることができるかもしれません。「悩みから抜け出すヒント」を少しでも見つけることができるかもしれません。「こんなにも悩み苦しみながら教師を続けている仲間がここにいる」「同じように悩んでいるのは私だけではない」と思うことができるかもしれません。「自分ももう少しがんばろう」と思えてくるかもしれません。人は「絆」に支えられていると、「もう一度がんばろう」と意欲を取り戻すことができるのです。

「あそこに行けば、悩み苦しみを語り合い聴き合える仲間がいる」――そう思える「場」の存在が、人のこころの大きな支えになります。

「ここに来れば、真実の話ができる。真実を聴くことができる」――そんなふうに思える場があることで、つらい日々をしのいでいくことができます。

これが現場教師のサポートグループの意義です。

読者のみなさんにとって、本書が、そんな「こころの交流の場」を提供するものとなることができれば幸いです。

先生たちの自己開示①

悩み苦しんだ経験から学んだこと

――安心して話ができる環境を自らつくっていく

鈴木毅（仮名）

私の教員生活30年の間には、何回も何回も苦しむことが、何回も何回も教員をやめようと思ったことがありました。ここでは、特に苦しかった三つの経験について綴ります。

一つ目：管理職からの言葉で苦しむ

私がA小学校に勤務していたときのことです。異動して1年目は特別活動主任に、2年目は研究推進委員長に任命されました。どちらも私にとって初めての役職でしたが、「自分がまとめていかなければ」という思いで挑みました。しかし、実際は周りから教えてもらうことが多く、「いままでの教員経験で、自分は何も学んでいない」と感じ、情けなくなりました。

管理職からの要求も多く、それに応えようとがんばりましたが、思ったように進められず、苦しみました。「主任教諭のお給料をもらっているのだから、それだけの働きをしなさい」と言う管理職の言葉に、私自身、「それはあたりまえのことだ」と思いました。しかし、その管理職から「最近どう？」と聞かれたとき、軽い気持ちで「つらいです」と本音をもらすと、予期せぬ言葉が返ってきたのです。「甘えてはいけません」――「ああ、言わなければよかった。もう本音は言えない」と後悔しました。当時、いまではパワハラといわれるような発言で部下を叱咤激励する管理職は少なくなかったのではないかと思います。私自身、この管理職にはしっかり指導していただいたことに感謝もしています。しかし当時の私には、その言葉がこころにぐさぐさと突き刺さり、できない自分に非があるのだと、さらに自信を失っていったのです。

そんな苦しい時期でしたが、話を聞いてくれる仲間が、周りにはたくさんいました。疲れている私の様子をみた同僚が、ケーキとコーヒーを用意してくれて、理科室でこっそりお茶会を開いてくれたこともあります。そんな人たちの心遣いがとてもうれしく、ほんとうに元気が出ました。学校の中に胸の内を話せる人がいること、支えてくれる人がいること、気持ちをわかってくれる人がいることの大切さをしみじみと感じたものです。しかし、このころから私は、カウンセリングを受けたり、心療内科に通って抗うつ剤を服用したりするようになったのです。

二つ目：自分の能力のなさを感じて苦しむ

A小学校の勤務後、教育委員会へ異動になりました。と言っても、実際に勤務したのは、7月までのたった4カ月です。しかし、その4カ月間はとてもつらいものでした。一番つらかったのは、「ほかの職員や学校の先生方に迷惑をかけている」と感じながら仕事をしていたことです。例えば、パソコンの扱いに不慣れだった私は、通知文の体裁が整わずに何回もやり直したため発行が遅くなり、学校の先生方に迷惑をおかけしてしまいました。また、初任者研修や生活指導主任研修などの企画や司会を担当しましたが、うまくいきませんでした。当時、職務に関するすべてにおいて、うまくいった記憶がありません。ほかの職員も多くの仕事を抱えて忙しく働いていたので、やり方を聞いたり相談したりすることなどできませんでした。

仕事に対するやりがいというよりも、「学校の先生方やほかの職員に迷惑をかけないように」と、それだけを思って働きました。そのため、毎日深夜11時ごろまで役所にいましたし、休日出勤もしました。自宅が近かったので、電車の時間を考えることもなく、無理もできてしまったのです。そんな私の姿を見て、家族はとても心配し、早く帰宅するように言ってくれましたが、私は聞き入れることなく働き続けました。しかし、どんなにがんばっても仕事は進まず、さらに仕事は増える一方で、ゴールが見えない苦しい状態が続きました。

そんなある日、路上で信号待ちをしていた私に、ある思いが頭をよぎりました。「一歩前にジャンプしたら車にひかれるな」――苦しさから逃れるために、私は死ぬことを考えるようになっていたのです。7月、「もう限界だ」と思った私は、A小学校在職中に通い始めた心療内科で診察を受け、主治医に状況や気持ちを話すと、「そんなに思い詰めるまでここに来ないなんて」と叱られました。私はうつ病と診断され、すぐ休職になりました。自分がうつ病で休職するとは、思ってもみないことでした。以前の同僚でこころの病になり休職した先生の気持ちが、初めてわかった気がしました。7月から11月までは自宅で過ごしましたが、ほかの職員や先生方、家族に申し訳ない気持ちでいっぱいで、当初は外出もできませんでした。

12月、地域の小学校で復帰訓練が始まりました。休職状態から復帰訓練に行くには気力・体力が必要でしたが、学校の先生方はあたたかく迎えてくださり、仕事も任せてくださいました。うれしさが体中に広がり、気力・体力が徐々に戻り、3月には無事に復帰訓練が終了しました。

三つ目：同僚との人間関係で苦しむ

私はB小学校に異動になり、初めて特別支援学級で勤務することになりました。教職員のメンバーは教員3名と支援員2名で、みなさん特別支援での経験が豊富な方々でした。経験のない私は、授業などでたくさん失敗をしましたが、メンバーに助けられ、多くを学びました。

2年目には教職員のメンバーが3名入れかわり、残ったのは私と支援員の2名で、私以外は全員女性でした。私とほかの先生方の関係がうまくいかなくなっていったのは5月ごろからです。研究授業の際も、先生方に協力をしていただけませんでした。私は先生方に話しかけるのが怖くなり、同じ空間にいるのもつらく、教室ではなく職員室で仕事をしていました。先生方とうまくいかなくなった要因には、私の力のたりなさや、いたらない点もあったのでしょう。このようにうまくいかないとき、私はいつも自分自身を責めてしまいます。

6月には学校へ行けない日があり、管理職に気持ちを話すと、学級主任を私から別の方に交代してくださいました。しかしその後も、先生方と同じ空間にいることが怖いという思いは残り続けました。このときに抱いた気持ちは、家族と管理職以外にはだれにも話せませんでした。人はほんとうに弱ってしまうと、話す気力すらなくなることを、このときに知りました。

夏休みの終わりには、管理職と相談し、かかりつけの心療内科に受診してうつ病と診断され、2回目の休職となりました。休職中は、心療内科のリワークデイケアー（復職支援プログラム）に通い、ここに通う方々との交流などを通して、少しずつ元気になりました。その間も管理職からお手紙をいただくなど、周りの方にたくさん支えていただきました。そして、1年半後の4月、以前の勤務校とは異なる市の小学校の通常学級の担任として復帰できたのです。

大切なのは安心して話ができる環境をつくること

現在私は、特別支援学校に勤務し、主任を務めています。わからないことが多く、不安や苦しみはいまだにあります。しかし、わからないことがあると教えてもらえる人間関係があり、いつも周りから助けていただいています。昨年、仕事が重なり忙しかった時期には、副主任が私の表情を見て声をかけてくださり、仕事が大変なことをお話しすると、ほかの先生方に声をかけて、仕事を分担してくださいました。おかげで体もこころも楽になりました。

私が、悩み苦しんだ経験から得たものは、いつでも自分の気持ちや状況を話せる環境があることの大切さだと思います。苦しかった3回とも、自分のことを話せる環境を自分がつくれなかったことが、苦しみを増幅させてしまった原因だと思っています。ほかの人に話ができず自分一人だけで考えていると悪いことしか考えられず、不安を和らげたり、解決したりする方向に向かうことはできません。それどころか、人に話をしようという気力すらなくなります。自分が経験してわかったことですが、これは、とても恐ろしいことです。

みなさんには、いつでも話ができる環境はありますか？　いまの私には、定期的に話ができる環境が三つあります。心療内科の主治医、趣味の仲間たち、そして、「教師を支える会」です。会合は毎月開かれるので、その日を目標にしてがんばることもできます。毎月参加して話ができ、いまの自分の気持ちを知っている方がいると思うと支えになります。参加されている学校の先生やカウンセラーの方々に、アドバイスをいただけることも大変ありがたいです。

私は、不安をもちやすく、自分のことを話すことが苦手であり、自信がもてない性格であると思います。だからこそ、安心して話ができる環境を自ら探し、つくっていくことによって、悩みや苦しみがあっても生きていけるのだと思います。

初任期・中堅期のつらさを乗り越えた鍵とは
――生徒といまを楽しみ、仲間と学び続ける

白石沙紀（仮名）

「生徒の役に立てない」と思い悩んだ初任期

「先生たちは、オレらの親の税金から給料もらってんだから、オレらのいうこと聞くのがあたりまえだよね」――大学卒業後、公立高校で英語教師として初めて教壇に上がった私に、生徒からかけられた言葉です。ある同僚の男性からはこう言われました。「女性の教師はこの学校にはいらない」――学校全体に暴力的な言動が目立っていた時代背景があり、この同僚の言葉には、腕力のない私の身を案じての部分があることはわかっていました。しかし、前途多難を予感させる教師人生の幕開けとなりました。

教室に入れば「何しに来たんだ」という生徒の声。私語でざわつく授業中には、「教科書の英語が、生徒たちが生きていくのに何の役に立つのか？」と自問して、頭が真っ白になることが何度もありました。「授業がうまくいきません」と先輩教師に助けを求めると、「新人でも授業には責任をもって」と諭され、突き放されたように感じました。私はしだいにうつ状態にな

り、出勤前になると頭上に重い石が置かれたように感じ、先行きを思い悩む日々が続きました。

実は、この高校の多くの生徒たちが、不遇な生い立ちや家庭環境をもっており、そのすさまじさにふれるたびに、「私はこの生徒たちに役立つ資質を、何ももってはいない」という無力感にさいなまれる苦しい日々が続きました。「教師をやめようと思ってるでしょ」「歩いてる姿が幽霊みたいだよ」と同僚に声をかけられたのもこのころです。追い詰められていました。

教師になって3年目の3学期、卒業間近の3年生の教室で、その出来事は起こりました。いつもはまじめに授業を受けていた生徒が、授業中にゲームをする姿を見て愕然とし、私は「授業中だよ！」と思わず強い語調で叱責しました。その後にとった彼の態度が問題となり、保護者が退学を申し出て、学校が受理してしまったのです。すべてが決した後、ようやくその生徒と話せたときに、保護者からの日常的な虐待が語られました。あのときの私の語調が、彼の反射的な防衛による行動を引き出したとわかり、悔やんでも悔やみきれない失意が残りました。

無力感にさいなまれ、多忙感も最大の中堅期

その後、校風の違う学校への転勤を何度か経験し、私は40代の中堅教師になっていました。

大学時代にはサークルでカウンセリングの研修を続けていたこともあり、教育相談の分野は私の教職の大きな柱と考え、生徒との面談を大切にしていました。しかし、転任先の高校には、

「教育相談的な生徒支援より、厳しい一斉指導が重要」という学校風土がありました。

生徒が自ら気づきながら、時間をかけて成長してほしいという私の願いがほかの教職員に理解されていないと感じる場面も多くありました。これまでの教師生活で積み上げてきたはずの教育相談を軸にした生徒指導も、全否定され崩れ去ってしまったと感じ、無力感は大きくなっていきました。さらに、私的な家事・育児の負担に加えて、職場では仕事が増え続けて多忙感はきわまり、「必要な支援を生徒に与えられていない」という不全感はいっそう募りました。

ちょうどそのころ、担任する1年生のクラスで、複雑ないじめ問題が起きていました。生徒の保護者とも接する中で、しだいに加害生徒の家庭環境の悲惨さもみえてきました。慎重に対応しなければならないのに、私の体は一つ。クラス全体も落ち着かない状況でした。公私共に多忙感も最大となり、「もう無理かも。いっそ……」と、窓の下をのぞいたこともありました。

初任期のつらさを乗り越えた鍵――生徒といまを楽しむ

初任期に私が感じたつらさは、いままで感じたことのないものでした。大学卒業まで親の庇護を受けながら、基本的には自分のために生きてきました。教職に入ったとたんに、「生徒という他人の役に立てるものを、私は身につけてきたのか?」という問いが自分の中に立ち、私を苦しめました。「教科だけでは不十分。役に立てないなら教師を辞めるべきだ」という言葉がこころの中でこだましました。私はそのつらさを言葉にして出すことができませんでした。

最初に救いの手を伸ばしてくれたのは、私の様子がおかしいことを伝え聞いた大学のカウンセリングサークルの同期でした。彼女は教育系の出版業に就いており、もともと教育界に興味があったのです。「会いたい」と連絡をもらい、「元気？」と、大学時代と変わらない様子で問われると、生徒への対応がうまくいかないことを、少しずつ話すことができました。また、何気ない会話を続けることで、こころが安らぎました。そして、「あなたが生徒と同じことで笑い合えたら、関係もうまくいくんじゃないかな。冗談でもなんでも」――この彼女の言葉を聞いたとき、生徒の過去（生育歴）や未来（将来の生活）に役立つための授業やかかわりをしようとあせるあまり、生徒たちと一緒に過ごすいまを楽しんでいなかったことに気づきました。

そこで私は、生徒たちとの日常を見直し、一緒に笑い合える場面を作り出していこうと心がけたのです。すると、授業中、強気の発言をしていた生徒が、帰りの電車で会うと、「先生もこんな学校に来ちゃって大変だね」とねぎらってくれたり、英語サークルでは英語劇の作成を巡り夢中で議論したり。授業中も、笑いに包まれる場面が増えていきました。それでも、生徒たちの生活環境の大変さは変わらず、それを感じるたび、落ち込みそうになりました。しかし、「つらいのは、私ではなくこの子なんだ。雨の日も強風の日も、自転車を飛ばして学校へ来てくれる生徒たちと、こころ安らぐひと時をもちたい」と思えるようになりました。

中堅期のつらさを乗り越えたときの鍵――仲間と共に学びを続ける

中堅期のつらさを乗り越えたときには、「学びを続けること」が助けになりました。前述のいじめが起きた学級を担任したとき、私は千葉大学夜間大学院在籍2年目でした。「教育相談の技能を高めたい」という名目で入学した私は、学校での出来事をリアルタイムで先生方や院生（ほとんどが現職教員）に話すことができたのです。「教職と大学院生活の両輪がなければ、複雑な問題が次々と起きる学級の担任として仕事を進めるのは不可能だ」と実感しました。

大学院の授業では、私がいじめの加害者の生徒の役割を、ほかの院生が教師役として指導する場面をロールプレイで演じました。これにより、加害生徒がこれまでの生活の中で感じてきたつらさ・怖さを自分の身で感じる体験をすることができました。

思い返せば初任校では、10人以上いた新人教師全員が授業に苦心していました。教頭は過酷な学校状況を理解し、「授業終了後は早めに学校を出て、自分の研修時間をとりなさい」と言い、外部の研修も広く認めてくれました。初任での退職を防ぎたいという強い思いを感じました。私の教職生活を支えてくれた学び続けることの基礎が、この時期にできていたと感じます。

私が大学院で学びを深めていた一方、高校の教師集団も、私のクラスで起きているいじめの複雑さ・深刻さを理解してくれました。私の感じていた怖さに共感し、校長以下一丸となって私を支えてくれました。このとき、教師の仕事は一人ではこなせないことを強く実感しました。

書物を通じたかけがえのない出会い、そして生徒たちの存在

初任期・中堅期とも、困難を乗り越えるための鍵がありましたが、それでもつらさはありました。そのつらさを乗り越えられたのは本との出会い、そして本を介した人との出会いです。

初任期のある日、疲れてボーっとしながら入った書店で、背表紙が光っていると感じて手に取ったのが、大学のカウンセリングサークルで後輩が推薦していた『道は開ける』（D・カーネギー著／創元社）でした。当時開かれていた講座にも参加し、そこで、自分では気づいていなかったうつ状態から回復しました。回復してはじめてうつ状態だったのだと自覚したのです。

同様のことが中堅期にも起きています。書店で見かけた『カール・ロジャーズ入門　自分が〝自分〟になるということ』（諸富祥彦著／コスモスライブラリー）を読み、サークルでロジャーズ理論に基づいた研修をしていた私は、この本の著者に会いに行こうと決心し、千葉大学の大学院学校教育臨床（当時）に入学したのです。このつながりがなかったら、私は中堅期に教職を（もしかしたら人生そのものを）あきらめていたかもしれないと、いま思っています。

そして、何より、教師生活をあきらめきれなかったのは、初任校で卒業間近に学校を去った生徒だけでなく、対応に悔いが残る生徒たちの存在が大きいと思うのです。取り返すことはできないかもしれないけれど、今度は少しでも生徒を理解し、効果的な対応や支援ができたら……と願いつづけ、ここまできてしまったといえるかもしれません。

職員室がすさんでいるときの対処法
――広いネットワークづくりが教師生活を生き抜く術

前沢文恵（仮名）

教職員の「まさかの対応」に不安を募らせた新学期

教師になって20年、周りからは「ベテラン教師」とみられていたころの話です。

生徒指導が困難な荒れた中学校でもそれなりに学級経営や授業もやりこなし、私は教師としての自分にある程度の自信をもっていました。異動の年を迎え、転任した先もかなり荒れた学校でした。1年生の指導困難なクラスの担任と重要な分掌を任された私は、大きなプレッシャーを感じながらも、いままでの経験から、「教職員とよい関係をつくり、子どもとしっかり向かい合えば、きっとうまくやっていける。新天地でもがんばろう」と意気込んでいました。

出勤初日。学年会議後、女性教職員3人は昼食を外でとる様子でした。私も誘ってもらえるものと思っていましたが、声はかけてもらえず、3人で出かけようとしていました。積極的に関係をつくろうと思った私は、「ご一緒させてください」と声をかけて同行させてもらいました。しかし翌日は、隠れるように3人で食事に行ってしまい、私は職員室に残されました。1

人は前任校で仲のよかった人で、あとの2人は転任後に知り合った人です。無視される理由など思い当たりません。こんな経験は初めてで、信じられない気持ちになりました。

実はその3人のうち年配のA教諭は、若い教員を引き入れてグループをつくり、そのメンバーでない人には冷たくしていたらしく、私以外にも同様の経験をした人は少なくありませんでした。A教諭のこうした行動は、不安からくる結びつきを求める心理からきていたものかもしれません。しかし、これは月日を経てからわかったことであり、当時の私は、この職場でやっていけるか不安でいっぱいになりました。そんな中で新学期がスタートしました。

荒れた学校のすさんだ職員室と精神的な限界

学年の多くの子どもたちは、学級崩壊の状態で小学校を卒業し、中学校に入学してからも、気持ちはとても荒れていました。生徒同士の間には悪口ばかりが飛び交い、けんかが絶えませんでした。教師に対する暴言・暴力も頻繁で、教師の指示は通りにくく、問題行動は次々に勃発し、生徒指導はモグラたたき状態でした。

私がいままで行ってきた生徒指導は通用せず、苦しい毎日が続きました。一番つらかったのは、対教師暴力で、学年の教職員のほとんどが生徒に暴力を振るわれていました。抑える術もなく、事件が起こるたびに被害届を出し、警察に助けを求める状態でした。私が廊下で生徒に突き飛ばされたとき、声をかけてくれた教職員はいません。そればかりか、管理職からは、「敵に背中を見せるのが悪い」と言われ、大きなショックを受けました。前任校では、「職員室に戻れば、絶対にだれかが助けてくれる」と信じていたのでがんばれましたが、この学校では、そうした拠りどころを得られませんでした。疲弊しきり、他者を思いやる余裕がなくなっていた教職員は、助け合うどころか互いを批判し合うばかりで、職員室は重苦しい雰囲気に包まれていました。夏休み明けには、正常な活動がほとんどできないほど学年全体が荒れていました。

そんななか迎えた合唱コンクールでそれは起きました。会場の体育館が真っ暗になったとたん、私の目から涙がポロポロこぼれて止まらなくなったのです。自分でも驚きました。生徒の前では気を張っていましたが、生徒の姿が見えなくなった途端、気が緩んでしまったのでしょう。泣いていることを生徒に気づかれないようにそっと体育館を出て、保健室に飛び込み、落ち着くまで休ませてもらいました。このとき、精神が限界にきている自分に気づくと同時に、自分のメンタルが不安定な状態だから、生徒とうまく向き合えていないことにも気づきました。

校外の講習会などでの出会いが苦しみを乗り切る原動力に

この悪循環から抜け出すためには、自分のメンタルを整えなければいけないと思い、まずは、気持ちが晴れない状態を改善するために、気分転換に野外に出かけたり映画を観たりしました。

しかし、まったく楽しいと感じることができませんでした。自分はかなりまずい状態だ。何かを変えないとこの状態からは抜け出せない……そう思った私は思い切って、「構成的グループエンカウンター」のワークショップや「教員のグループコンサルテーション」など、校外で開催されている勉強会や講習会に参加しました。そこで多くの先生方と出会い、交流をもつことができました。ここでの先生方との出会いが、私の苦しみを乗り切る原動力になったのです。

その一人がM先生です。「教師をしているとそんなときもある。でも、その状態はずっと続くわけではないから、いまは避難してもいいと思う。過ぎ去ったらまた活躍すればいい」――ご自身も似た経験をしたというM先生からこう言われ、私は考え方を変えられました。

それまでは、「自分は中堅教師だから、第一線でがんばらなくては」と思っていました。でも、そんなに意気込まず、最前線から少し離れてもいいかな……こう思えるようになると、不思議なことに、落ち着いて子どもたちと接することができるようになったのです。荒れた集団の中で、ひっそりと我慢している生徒たちの姿が見えてきて、私はその子たちに、たくさん声をかけられるようになりました。すると休み時間や放課後には、悩みを相談したいという生徒たちが、毎日のように私の元を訪れてくれるようになったのです。数年後の私の離任式では、生徒や保護者から、数多くの感謝の手紙や花束をいただきました。張りつめていた力を抜くことで、生徒の話を聴いてあげられる教師になれたようです。

M先生のほかにも、さまざまな方々から多くを学び、たくさんエネルギーをいただきました。例えば、T先生からは、「もし駄目そうになったら、ここに来るといいよ」と、T先生主催の勉強会の日程が書かれたメモ用紙をいただきました。実際には、その勉強会に行くことはありませんでしたが、「限界になったらあそこに行こう」と思えるだけで、勇気がわいてきました。そのメモ用紙はいまでも机の前に貼ってあり、私のこころの大きな支えとなっています。

K先生からは、「私を校長と思って、思いをぶつけて」と言われ、私は大きな声で「気持ちをわかってほしい!」と伝えました。現実には校長に思いをぶつけることはありませんでしたが、「言おうと思えば言うことができる」と思えるようになり、抑圧から解放され、気が楽になりました。Y先生の研修会では、自分の小さながんばりをグループの中で紹介し合うショートエクササイズを行いました。発表するたびに、「がんばってる。がんばってる!」とメンバーから声をかけてもらったことで自己肯定感が高まり、こころが元気になりました。

S先生からは、ご自身が実践されているセルフカウンセリングの方法や自律訓練法について教えていただきました。これらを行うことで、気持ちが穏やかになり、精神的な苦痛が和らぎました。さらに、アドラー心理学やNLPなど、いろいろな理論や技法を紹介していただき、それらを学ぶことで、生徒たちや保護者、先生方への対応の仕方を変えることができました。

教師生活を生き抜くためには、広いネットワークづくりを

当時、同じ学年担当の教職員2人が退職してしまったほど、ほんとうに大変な一年でした。私も教師を辞めたいと何度も思いましたが、校外で知り合った経験豊富な多くの先生方に助けられ、どうにか乗り切ることができました。メンタルが不安定なときに校外の勉強会などに出かけることを、初めは躊躇しましたが、思い切って参加してほんとうによかったと思います。

相談し合い、グチを言い合える同僚がいて、教職員同士で支え合う関係があれば、かなり大変な状況でも乗り越えられます。ですから、学校内の教職員の人間関係づくりはとても大切です。しかし、ときには自分がいくらがんばっても、教職員の人間関係が改善されにくいこともあります。そんなとき、学校内にこもって、「教職員が悪い」「子どもが悪い」と嘆いたり、一人で抱え込んでがんばりすぎたりしないことです。校外の勉強会や講習会などに出かけ、多様な先生方との交流を通して、知恵や技術、勇気やエネルギーをもらうことが大切だと思います。

職場環境が劣悪な状態でメンタルが壊れそうなとき、校外で出会った先生方とのネットワークは自分を支え、そして教師生活を豊かなものにしてくれます。私がこれまで、こころの健康と誇りを保ちながら、充実した教師生活が送ることができたのは、教師同士の広いネットワークのおかげだと思っています。私が体験したような境遇にいる先生方はもちろん、そのほか多くの先生方にも、自校にとどまらず、教師同士のネットワークを広げることをおすすめします。

◆◆先生たちの自己開示④

娘の不登校を機に生じた「教師不信」からの回復

――新たな教師仲間との出会いが、再び教師と協力し合える契機に

鈴木優子（仮名）

自分の娘の不登校がきっかけで同僚との間にできた溝

小学校の教師となって10年を超えた30代半ばのこと。仕事の楽しさがわかり、やりがいがみえてきたころ、小学校2年生になったばかりの娘が学校に行けなくなりました。それは合計すると半年ほどのことでしたが、私の教師生活・教育活動が根底からひっくり返る出来事でした。

低学年の娘を一人家に残して仕事に出るという状況は、それだけで親としてはいたたまれないことです。加えて、当時娘には喘息の持病があり、発作を起こすこともたびたびありました。そのつど私は仕事を切り上げ、早退することも多くなりました。また、私自身、心配のあまり食欲がまったくなくなり、眠れない日が何カ月も続き、ついに倒れてしまったこともあります。

そのとき周りの教師仲間から聞こえてきたのは、「そろそろ仕事に集中したほうがいいよ」「子どもの教育を考え直したら？」「教育内容に問題があるとしても、ほかの子どもたちは登校できているのだから（家庭に問題がある）」といった言葉でした。どれも親切心からかけてく

れた言葉だと思います。一方で、娘の不登校を通して、近隣や同じクラスの保護者の声を初めて聞くことになったのですが、その内容は教師仲間から聞く情報とは大きく異なりました。これ以後、長らく私を支えてくれたのは、教師仲間ではなく保護者目線の主婦の友達でした。そのような友達がもてたことは、人生の大きな幸運であったと、いまでも深く感謝しています。

学校に行かなくても、生活習慣は維持したいと思ったのですが、娘に昼夜逆転の兆しがみえてきました。夜ふかしをする娘の様子をみて、ふと気がつきました。朝の登校時刻を寝てやり過ごそうとしているのではないか、と。娘に尋ねると、「そう。夜遅くまで起きていると、朝がずーっとこないんじゃないかという気がするの」と泣きながら答えました。1カ月後には、ある日は一日中カラ騒ぎ、ある日は無気力、ある日は攻撃的、と娘は日によって異なる姿をみせるようになりました。ところが、たまにがんばって行った学校での様子を教師に聞くと「とても元気に過ごせた」と言います。不安で空騒ぎ状態になっていたようです。不登校の子どもが、学校と家庭でみせる姿が大きく異なることがあることを、このとき身をもって知りました。

それまでの私は、「子どもは家では大変なのです」という話を保護者から聞いても、「学校では元気で普通に生活しているから、保護者が騒ぎすぎなのだ」と思ったこともありました。しかし、自分の子の不登校を体験してみて、初めてあのときの保護者の話が理解できたのです。

同時に、人間は目の前の「事実」を自分がみたいようにみてしまうものであることも、何度も体験しました。主婦の友達とはすぐ理解し合えることも、教師の友達には何度話してもわかってもらえないのです。それが重なると、私自身、感情が抑えられなくなることもありました。さらに勤務校で教師間のいじめが発生し、いじめられていた同僚をかばった私のほうへ矛先が向けられるという経験もし、教師でありながら、一番憎くて怖いのが教師である同僚となってしまったのです。職員室は「敵の本陣」という心境で、ひたすら教室にこもっていました。

救ってくれたのはクラスの子どもたちの笑顔

教室にいる子どもたちは、屈託のない笑顔で、私にいろいろと話しかけてくれました。そんなとき、孤独でつらい現実をしばし忘れることができました。彼らと一緒にいることで、どんなに癒されたことでしょう。感謝の言葉しかありません。以前、神戸市で起きた職員間のいじめの被害者の方が、支えてもらった教え子に、お礼の言葉を綴っている様子が報道されましたが、その気持ちがストンとこころに落ちたのです。子どもたちこそが私を救ってくれた恩人たちです。これ以後の私には、日々の教育活動が「あの時の恩返し」のように感じられました。理屈ではない、自然な気持ちなのです。それだけつらかった、ということかもしれません。

教室に避難しながら、「クラスの子どもたちの気持ちにできるだけ寄り添っていこう」という姿勢で、私は何とかもちこたえていました。

アドラー心理学の実践により、不登校児が自力解決

娘の不登校を経験してから9年たったあるとき、担任した1年生のクラスで、入学早々子ども同士の気持ちの行き違いから、A君が不登校になってしまうという出来事が起こりました。家庭訪問を繰り返し、親子と関係をつくりながらもそれだけでは十分でなく、自分の力量不足を実感しました。

そんな中、教育相談研修会で出会った会沢信彦先生（現文教大学教授）に、アドラー心理学を紹介していただき、アドラー心理学を中心に20数冊の心理学関係の本を夢中で読みました。その中に、野田俊作先生の『アドラー心理学　トーキングセミナー』（星雲社）と『クラスはよみがえる』（創元社）がありました。「不適切な行動は、『原因』がありその結果であるとよく言われるが、アドラー心理学では『目的』論をとる」という内容に出合い、「これだ！」と目からウロコが落ちる思いでした。この話をしたとき、娘も、私同様の経験をした保護者友達も、「やっと納得できる説明を聞けた」と言ってくれました。

早速、当のA君に「学校に来ないのは、友達に仕返しをしたかったからですか？」と聞いたところ、A君はニヤッと笑い、「そだよ！」と答えてくれました。このとき、A君にとって私は、「初めて自分の気持ちを言い当ててくれた（理解してくれた）人」として、信頼を勝ち得たようです。そして、たった6歳という年齢で彼は、自分が学校に行けるようにするための方

法を次々と考えて実践したのです。まず、携帯電話を持って自転車に乗り、一人で地域探検に出かける。次に、クラスの子どもたちのところに遊びに行く。どんな人柄なのかわかり安心できたところで学年行事に参加する……と段階をへて、ついに3学期から毎日登校するようになりました。私も両親もただ見守っているだけで、すべてA君が自力で解決してしまったのです。

学びを通して新たな教師仲間と出会う

アドラー心理学をその後も実践しようとしましたが、壁に突きあたり、ヒューマン・ギルド（岩井俊憲先生主宰）で「親子講座」を受講しました。岩井先生には困ったことが起こるたび電話をし、その場を乗り切る知恵を授けていただきました。受講生は電話相談にのってもらえるものと思っていたのですが、後で確認すると「月2回まで」とありました。私は大幅にオーバーしていたのですが、何もおっしゃらずアドバイスしてくださっていたのです。大変申し訳ないことをしてしまったのですが、どれほど助かったことか……感謝の言葉もありません。

その後「教師を支える会」に参加するようになりましたが、先生方の悩みを聞くうちに、同じ教師の立場から、親の立場に豹変してしまうのです。自分も似た悩みがあるにもかかわらず、突然怒りがわいてくると、ほんとうに困りました。教師を支える会で教師を攻撃する者がいるのですから、諸富先生は困惑されたと思います。しかし、注意めいたことをおっしゃらず、受け入れてくださったおかげで、ついにこころが癒されました。守られた場で、互いの悩みを本音で話し合うことで、学びも少しずつ深まりました。そして、信頼できる仲間もできたのです。

弱音を出し合える関係性づくりから学年崩壊を脱出！

ただ、アドラー心理学をもとに学級経営を行おうとすると、同僚とは逆のアプローチをしなければならないことが多く、いつも川の流れに逆らって川上をめざし、泳ぎ続けているようなつらさがありました。しかし、効果は絶大で、勤務校でも認めてくれる人が少しずつ多くなってきました。保護者との関係はかつての体験が生きて働き、良好な関係を築けたと思います。

さらに、年度当初から学年崩壊という衝撃の体験をすることで、学年の教師集団（サポートスタッフを含む）がこころを一つにして取り組む必要が生じました。毎日、休憩時間を利用して、お茶とお菓子をいただきながら、悩みを相談したりぼやいたり、と弱音を出し合える関係をつくったのです。さんざんぼやいた後はこころが晴れて、不思議とよいアイディアが生まれてくるのです。それをできる場、できる者から行っていくと、自ずと得意とする役割分担も出来上がります。ついには学年にとどまらず、校長、教頭、養護教諭、事務主事、用務主事にも協力をお願いして、助力していただくことができました。そして、とうとう学年崩壊から脱出することに成功したのです。

先生たちの自己開示⑤◆◆

学級崩壊の体験から学んだこと

――弱音を言い合える仲間は一生もの

石井律（仮名）

新学期初日、壊れたくす玉

「これが最後の勤務校になるかもしれない」――異動の通知を受けたとき、すでに50歳を過ぎていた私はこう思いました。前任の小学校では数年かけて保護者の学習支援ボランティアを立ち上げ、そのボランティアのみなさんに見送られての異動となりました。

4月初め、学年の先生方との昼食は楽しく、「指導観は合いそうだから、慣れない環境でもなんとかなる」と、前向きな気持ちになりました。その後は、担任する学級の教室に入り、子どもたちに会える日を楽しみにしながら、教室環境を整えました。教室を見回すと、教室のドアはなく、ロッカーの扉はボコボコにへこみ、ゴミ箱も歪んでいました。気にはなりましたが、「前の学級は大変だったのだろう」と思う程度で、私の気持ちはこれから出会う子どもたちに向いていました。仕上げは、進級のお祝いとして作ったくす玉を黒板の中央に飾ることでした。

しかし、体育館での私のあいさつを機に、子どもたちの「お試し期間」が始まったようです。

教室に向かう階段を上がったときの驚きは、私の教師人生でこれまでにないものでした。廊下でたむろする集団、大声での追いかけっこ。教室に入ると、私が整頓した机と椅子はさまざまな方向を向いていました。当日の配布物は紙飛行機となってベランダから飛んでいき、くす玉は床に転がっています。荒れた学級で日常を送っていた子どもたちにとっては、進級という節目の日も日常の延長でしかありません。私が飾ったくす玉は、子どもたちの目にはしらじらしく映ったのかもしれません。「火に油を注いでしまった」と、壊れたくす玉を見て思いました。

授業も行事も成立しない中で途方にくれる

学級の実態を前に、私はどうしたらよいかわからずにいました。子どもたちの発する大声や奇声の中での授業が日常となり、子ども同士のいざこざは教室のあちこちで同時に起きます。それに伴い授業はプリントが多くなるばかり……悪循環です。注意すると蹴飛ばしてくる子が多いので、私の足は青アザだらけです。教室内の教材を勝手に使っては放り投げるので、教室は物が散乱し、「使うときは一声かけてください」の声は子どもたちに届かず、私の事務机の引き出しも空っぽです。さらに、外遊びから帰った子どもたちが砂や水を床にまき散らします。

家庭訪問のときには、疲れ切っていました。「先生、大変そうですね」と言う保護者の声には、「大丈夫ですよ」と応えるしかありませんでしたが、実際はかなり参っていました。

春の運動会は、激しいリズムで子どもたちの興味を引こうと教職員で話し合いました。しかし、練習には参加せずに寝転がる子、マイクを奪い取り大声を出す子、それを挑発する子たちが次々に現れて、全体練習は進みません。運動会当日には、徒競走の並び方を覚えていないためにうろうろし、名前を呼ばれてあわてて走り出す子どもたちの姿を見て、切なくなりました。

運動会終了後には、子どもたちのがんばりを認める言葉をかけましたが、その言葉もむなしく響くだけで、また授業が成立しない日々が続きました。こんな状態ですから、公開の研究授業などできるわけもなく、比較的落ち着いている学級の先生がすべて引き受けてくれました。50歳を過ぎて授業が成立しない日がくるとは、思ってもみませんでした。苦しかったです。

グチも弱音も学年会議に出すことが、困難に立ち向かう力に

この状況の中で、学年の先生方との関係は大きな支えとなりました。「力で押さえない」という一点は、学年の教師5人全員が大切にしていたことです。私のクラスが一番目立っていましたが、学年全体が荒れていました。新規採用の先生は特につらかったと思います。

先生方がつらい思いを言葉にするには、「同じ場所にいること」と「落ち着く場所をつくること」だと私は考えました。50代の私には、その場を用意することはむずかしくないことですし、何より自分のためにもそのような場所が必要でした。子どもたちが下校した後、集ってあ

たたかい飲み物とお菓子をいただき、体があたたまったら今日あったことを話す。こうして「つらい」と言い合える学年集団になっていきました。グチを言い合えるようになると、気づきが生まれ、新たな見方もできるようになっていきます。学年の先生方で同じ指導観を共有できたことが幸いして、思ったことを安心して行動に移すこともできました。成果がみえると、小さな成果でも伝え合いました。それが次の困難にも立ち向かう力となっていきました。

夏休み明けの荒れを予想して、学年全体で取り組んだのは、「先生と話そう週間」です。子どもの話を聴くというそれだけのことですが、実行するにはかなりの労力が必要です。それを提案して、調整まで引き受けてくれたのが学年主任です。5クラスの子どもたち全員に校内のだれと話したいかアンケートをとり、集約して、学校行事と重ねながら、個々の日時を設定するのです。聴き手の教職員に、この取り組みの趣旨をていねいに伝える主任の姿が印象的でした。まさにここが重要なのです。校長には、授業時間の変更までかけ合ってくれました。

「先生と話そう週間」が始まると、私の元にも子どもたちが来てくれました。1人わずか20分ですが、落ち着ける場所をつくり、こころを込めて聴きました。どの子もとてもよい表情でした。「学校には、担任以外にもあなたのことを大切にしてくれる人がいますよ」というメッセージを届けることができたこの取り組みは、子どもたちを変える大きな力となったようです。

その後、学級での報告では、日々の問題行動は知らせますが、あまり非難はせず、気持ちに寄り添う言葉で締めるようにしました。これまで注意され続けてきた子どもたちは、敏感に反応して攻撃するパターンを繰り返していましたので、違う方法を探っていきました。

「おまえなんかクビにしてやる」と、殴りかかってくることもあったA君が、水泳の日に水着を忘れたときのことです。A君は自分が参加できないときは授業妨害をして、友人から非難されることが多々あったので、みんなから見えない場所でA君と2人で水遊びをすることにしました。体操服姿のA君でしたが、思いきり水をかけて遊びました。その時のA君の表情がかわいらしく思えたのは、私自身も変化したからだと思います。この後、A君は席に着けるようになり、机に顔を伏せながらも、話を聞くようになりました。さらに、クラスのゲーム大会の実行委員に立候補し、委員として椅子取りゲームなどの内容やルールを説明することができました。「ルールを守ろう」という目標を立て、ゲーム大会が成立する集団になったのです。A君の様子は保護者にも詳細に伝えました。家庭訪問のとき、A君について心配する保護者に、いつかよい報告をしたいと思っていましたが、それがようやく叶ったのです。

「弱音を吐ける場」があればなんとか耐えられる

新学期に教壇に飾った花は、一日で花びらがもぎ取られてしまいました。秋になり、「みなさんとよい空気を吸って勉強したいので買ってきました。大事にしてください」と、教室に置いた鉢植えたちは無事に春を迎えることができました。とはいえ、この学級と向き合うには私の体力はもたず、新学期は担任を交代していただきました。アザが消えるには、少し時間が必要だったのです。

このときの経験で、「学ぶこと」の大切さを学びました。学年主任は、子どものこころのあり様を十分学んだうえで私たちに提案する姿を、一年かけてみせてくれました。この姿から、私の残された教員生活には、まだ学ぶことはたくさんあることに気づかせてもらったのです。学年の先生方の支援があって乗り越えることができた試練ですが、もう一つ私を支えてくれる大切な場所ができました。「教師を支える会」です。学びの場はここから始まりました。この場で学んだことは、目の前にいる子どもたちが反応してくれて、私に何がたりないのか教えてくれました。実践につながる学びはその後の7年間の教員生活を支えてくれました。退任の日、壇上の私に子どもたちからあたたかい視線が注がれたときは幸福でした。

グチが言える場所は、教師にとっても子どもたちにとっても、居心地がよいと思います。グチや弱音を吐ける場所があればなんとか、つらい局面にも耐えることができます。吐き出した後は、次に向かって歩き始めることができます。知恵で集る仲間は、緩やかなつながりですが、しっかりと支えてくれます。グチを言い合った仲間は、きっと援助も惜しまないでしょう。この時の学年集団は、いま、私の退職後の人生のグチも引き受けてくれています。

多忙感から判断ミスをしないために
——あせりと不安を脱出したキーは「折衷方式」

白河三郎（仮名）

生徒数が倍の学校に転勤。自信と余裕をなくす

中学校の教師になって20年、45歳のときのことです。その年、全校で9学級の小規模校から、18学級ある中学校へ異動になりました。「倍の生徒数ともなれば活発な生徒も多いはず。気を引き締めてがんばろう」と思いました。

前任校の管理職は、「次の学校は君よりも若い教師が多いから、中堅としての力をぜひ発揮してほしい」と励ましてくれました。この言葉を胸に、「いままで以上にがんばろう。若い教師を支えなければ」という思いを強めて、新たな職場ではりきって仕事を始めました。

ところが、着任してみると、若手を支える余裕などありませんでした。担任する学級の指導や学年の仕事に加え、技術科主任である私の場合、ほかに担当者はおらず、複数ある特別教室の整備などもすべて一人でやらなければなりません。これは大変な負担でした。生徒数がいままでの倍の学校ですから、担当する授業だけでも倍の時間が必要で、「授業以外のことも何で

もこなせる」と思っていた前任校での自信はすっかり消えていました。

テストの採点を巡るトラブルから心身不調に

2学期に入り、文化祭の活動とテストが重なる時期になっていました。

文化祭の準備で私は、体育館の中で物を運んだり機械を出し入れするなど、担当の係をあわただしく行っていました。すると、少し離れた場所から、授業で接している生徒が、大声で私に何かを訴えているのがわかりました。仕方なく手を止めて生徒の元へ行きました。

少し話を聞いたところで、試験の点数にかかわる話とわかりましたが、私はどうにか簡単に済ませて係の仕事に戻ろうとしました。あとから考えると、改めて話をする場を設ければよかったのですが、その時は生徒から「逃げた」と思われるのが嫌で、点数のわかる資料を確認もせずに記憶を頼りに話を続けてしまったのです。これが失敗でした。あいまいな記憶なうえに、騒がしい体育館ですから、落ち着いた話し合いなどできません。「そもそも授業中に確認すべきことなのに、なぜこのタイミングで」という思いもあり、早く行事の準備に戻ろうとして、生徒が納得しないまま、私は一方的にその場を打ち切りました。

この件は、当日、担任と学年主任、管理職にも伝えたので、保護者から連絡が入ったときには、すでに三者は事態を把握していました。少し不安があったので、だれかに相談したかったのですが、管理職に個別に時間をとってもらえる状況ではなく、校内の先生方はみな私よりも年下であり、助言をもらうことはむずかしいものがありました。

それでも何人かに相談すると、「採点を間違えたことなど一度もないからわからない」などと言われてしまい、「失敗した自分がダメなのだ」と自分を責める気持ちや、「だれにも助けてもらえない」という孤立感を深めることになりました。

その生徒と保護者が来校し話し合いをもった日には、初めは担任も同席したものの、その後は「教科のことだから、自分はベテランなのだから」と考えて、私は一人で話し合いにのぞみました。試験の点数に関しては正しく処理されることを説明して、自分の対応の悪かった点をお詫びし、どうにか収めることができました。保護者は納得したというより、成績が正確に処理されることがわかったので、これ以上の話し合いは必要ないということだったと思います。

その後は特別な問題も起こらず、いつもどおり授業ができましたから、これで解決したはずでした。しかし、なぜか調子が悪いのです。自信がもてず、こころや体に不調が現れ始めました。職場に行こうとすると気が重く、好きだった趣味もまったくやる気が起きません。不安で落ち着けず、気分が落ち込み続け、疲れやだるさを感じる毎日でした。それでも仕事は休まず我慢して続けていましたが、数週間たった朝、とうとう職場に行けなくなりました。

うつ病の治療時に支えてくれた人たち

自分一人ではどうしようもないので、その日のうちに妻につき添ってもらい、精神科を受診しました。ケースワーカーに1時間ほど話を聞いてもらって考えが整理できました。

その後、医師にうつ病と診断され、薬による治療が始まりました。処方された薬は徐々に効果を示し、最悪な状態は速やかに改善できたので、仕事をしながら治療が続けられました。ただ、少しのことで悪化を繰り返したため、薬の処方をたびたび変えてもらいました。

すぐによくなると思ったのですが、治療が長引き、職場に近い精神科に転院して長期の治療に対応しました。短時間の通院を何度も繰り返したため、時間単位の年休取得をありがたいと思いました。何もできない私が職場に迷惑をかけないためには、授業の自習を減らすことが、適切だと思ったからです。そんな私を同僚も理解してくれて、こちらから自己開示するようになり、たくさん助けられました。生徒も、やっと授業をしていたはずの私に、「先生は私の癒しだよ」などと言ってくれました。その言葉にはこちらが逆に癒やされました。

初任校への転勤をきっかけに好転

5年後、人事異動の時期になったので、管理職に転任希望を伝えたところ、うまくことが運び、初任校への異動が決まりました。この転任が成功だったのです。環境が変わることは一長一短あると思いますが、私の場合は、かつての職場で元気だったころの自分に戻れるだろうと思えたこと、薬の効果もあり病気の状態も安定したことで、よい方向に変化していきました。

いざ転任してからも、長いトンネルを抜け、明るい場所に出られたようにすっきりとした気持ちになりました。また、その学校で、かつて同じ学年で支え合い、お互いをよく知る同僚と、年月を重ねて再会できたこともよかったのでしょう。どんなことでも関心をもって自分の話を聴いてくれる、そんな同僚がいることで、ポジティブな考えがわいてくるようになりました。

「話すこと」「話を聴いてもらうこと」に効果があると気づいたことで、教職員のメンタルヘルス相談を計5回利用しました。次の回までの間も、カウンセリングのワークに参加するように、理論を学び、病気のことや回復と予防についても本を読んで勉強しました。

こうして、よくなるときはよいことが次々と増えていくように感じました。自分ではもう必要を感じなくなった薬は、医師と相談して少しずつ減らしていきました。いままでずっと頭に張りついていた暗い考えと、抱えていた「うつ」が、薄らいでいったようでした。

生徒に教えてきたことが教師生活を生き抜く力に

いまでも指導上不安なときはありますが、何が起きてもあきらめないようにして、大切な部分さえ見失わなければ、「きっとどうにかなる」という思いで教師を続けています。

大切な部分を見失わないためには、問題の解決策を練るとき、それはだれのためなのか、目的は何か、とりあえずのゴールは何なのかを常に確認しています。こうすれば、だれに対してでもお互いのめざすところが明確になって、そこをめざして一緒に話し合い、身の回りにある利用できそうなものや方法を、あれこれ探して試すことができるようになるからです。

疲れたりあわてたりして判断ミスをしないために大切なのは、自分の落ち着ける時間を確保することです。そのために、「教師を支える会」や職場などで、教師仲間と話せる機会を活用しています。自己開示して気持ちを率直に話せる場では、互いに影響し合うための時間はほとんどかかりません。すぐにとてもよい作用を生み出すと思っています。ですから、生徒の思いに対しても、どんなことでも受容し、しっかり傾聴することから始めるようにしています。

私がこのような考え方ができるようになったのは、20年以上も前から生徒のためにと思って取り組んできた「構成的グループエンカウンター」があったからです。いまも担当する校内不登校児童生徒支援教室や授業で実践し、校内の先生方にもおすすめしています。

学級のため、生徒のためによいと思って取り組んだことが、教師である自分の悩みという場面でも役立ったことで、新たな出会いを生むことができました。いくつかの心理学を研修で学んだことも、自分の悩みを解決し克服するのにも役立つよい道具になってくれました。これからもそれらを組み合わせた折衷方式で、教師としての仕事に励みたいと思います。

指導観が異なる学校で自信を失わないために

——選択肢を多くもち、こころにゆとりをもつ

石川優

私は首都圏の公立高校で教壇に立つ50代後半の教師です。30年以上の教師生活の中には、苦しくてこころが折れそうになったことが何度もあり、実際に教師を一度辞した苦い経験もあります。私が最も困難な状況に直面し、教師を辞めることも考えたときのことをお話しします。

それまでの勤務校と「常識」が異なる学校で適応障害に

私が教師になったころは、校内暴力の嵐が収まりきっていない時代で、私は荒れた学校を立て直すため、規律・秩序を重視し、生活指導を組織的に行うことを何よりも重視しました。基本的生活習慣を確立させれば、生徒の進路保障を確保できるという信念をもっていました。この信念を背景に、生徒に正面からぶつかり、生徒の信頼を得て、実績をあげてきました。

ところが、3年半前に着任した高校は、いままでの常識がまったく通用しない職場でした。この学校では、秩序はほとんど重視されず、生徒の頭髪・服装は乱れに乱れ、授業秩序は皆無

でした（もちろん、まじめな生徒たちもいます）。いまどきこんな学校があるのか、と思わせるほどでした。生徒と教師の信頼関係はなく、生徒は教師たちが強い生活指導をできないことをよくわかっていて、教師は生徒に足もとをみられているという雰囲気でした。赴任前の校長面接では、「本校では、生徒に頭髪指導はしていません」「本校では生徒を怒鳴る先生は一人もいません。そのような強い指導はどうかしないでくださいね」と言われ、唖然としました。

着任後は1年生の担任となりましたが、私がいままで積み上げてきた生活指導の技術はまったく通用しませんでした。ルールに従い常識的に生活指導をしようとすると、生徒からは、「厳しく指導するのは先生だけだよ」と言われ、生徒との溝は深くなるばかりでした。学年会で、「ルール通りに生活指導をしましょう」と提言しても相手にされず、「うちの学校はこのようにやっています」という虚しい答えが、ほかの先生から返ってくるばかりでした。私はどんどん厳しい立場に追い込まれ、どう対処してよいかわからなくなりました。

その年の6月上旬に、不運な事故から私は腰をひどく痛めてしまい、激しい腰の痛みに耐えながら仕事を続けていました。そこに、自分の方針と相いれない職場の中で孤立することによるメンタル面の不調が重なりました。仕事を続けることが不可能な状況になり、8月上旬まで腰痛による療養休暇をとりました。療養期間中、担任の代行をしていただいている先生や同僚、生徒たちに迷惑をかけているという思いにさいなまれ、眠れない日々が続きました。

容態は回復途中でしたが、「夏休み中に三者面談を」という管理職からの要請に応じました。文化祭時期には、無理を押して職場復帰しました。しかし、学校の状況に変わりはなく、生徒のルール無視をとがめる教師がほとんどいない状況の中、私はさらに孤立感を深めていきました。文化祭は何とか終わったものの、腰の痛みはひどくなる一方で、職場に対する不信感も強くなりました。私は自分をどんどん追い詰めていきました。

やがて、朝になると目は覚めているものの体が動かなくなり、出勤できなくなりました。腰痛も悪化し、療養休暇をさらに3カ月間とり、その間、整形外科に入院もしました。腰の痛みは、リハビリを続ける中で軽減されていきましたが、適応障害については、職場に戻ればまたひどくなります。療養期間中は少し前向きな気持ちが出てきても、職場の状況が変わらなければ、また苦しいうつ状態に戻ります。職場復帰した3学期も、苦しい状況でのたうちまわりながら、何の展望もない職場に出勤する状況でした。私にとってはまさに地獄でした。

そのような中で、悩みながら考え抜き、たどり着いた結論があります。それは「自分は適応障害なのだから、自分を職場に適用させるか、自分に合う職場、すなわち、生活指導（規律）を重視する職場に変わるかのどちらか一つしかない」というものでした。

事態が動いたのは、私がその学校で2年目を迎えた年のこと。職場の中で生活指導を強化しようという気運が生まれました。学校創立以来初めて、組織的な生活指導が導入されることになったのです。その年の2学期から頭髪指導や服装指導が開始され、やがて遅刻指導も始まりました。私は学年会や職員会議で積極的に発言し、授業・行事などのあらゆる場面で積極的に指導を行いました。せっかく生まれたよい気運をつぶしたくなかったのです。

しかし、「何とか学校を正常な状態にしたい」というやる気は、自分の精神的・肉体的な容量を超え、気がつかないうちにオーバーペースを起こしていました。3学期の途中から以前と同様の症状を呈し、療養休暇をとることになりました。結果的に3年目は、療養休暇から休職を経て復帰できたのは7月の夏休み直前で、復帰後も思いどおりには働けませんでした。

「相談できる人をもつこと」は「自分にとって、財産をもつこと」

私は職場で孤立していましたが、ほかの先生方から批判や非難を受けていたわけではありません。むしろ、大変親切に接してくれた先生が多く、その面ではいまもとても感謝しています。これは職場の先生方の名誉のためにも、強調しておきたいところです。

ただし、学校の課題・問題点について、真剣に話し合える同僚はいませんでした。また、職場全体に「あきらめムード」が漂っていました。学校が乱れるのは管理職の責任が大きいと思いますが、このような状況下では、管理職はよき相談相手にはなりません。また、いまの時代は多忙すぎて、部下の相談に乗る時間がない管理職は多いのではないでしょうか。

では、相談相手が職場にいない場合には、どう対処すればよいのでしょう。私はノートに、何の遠慮もなく自分の弱さをさらけ出して相談できる人を列記してみました。すると、大学時代からの友人・先輩、教師となってからの同僚・先輩などお世話になっている方々は20人以上になりました。私は電話やメールで、連絡のつく人々にコンタクトをとりました。多くの方々がそれに応えてくれて、自分にとって財産ともいえる人々からアドバイスを受けることができました。他愛もない話をするだけでもこころがほぐれました。最初に勤務した広島県の友人・先輩は電話で相談に乗ってくれましたし、自分から会いに行くこともありました。

そのような方々と話をするなかで気づいたことがあります。自分の考えていること・自分の教育方針は、けっして間違ってはいないということです。友人や先輩たちには同業者も多くいます。その方々と話をするなかで、自分の職場がよい状態にはないことも再認識できました。

職場と家庭との往復だけで過ごしていると、周りがみえなくなります。他業種も含めて、ほかの職場の雰囲気を知ることができると「井の中の蛙」にはならなくなります。このことはとても重要なことだと思います。自信を失わないために。

苦境の中で教師を続けるためには、選択肢を多くもつことが重要

職場不適応・適応障害で苦しんでいるときに最も大切なのは、環境を変えることです。「自

分に合ったやりがいのある職場」なら、自分を生かすことができ、元気になります。諸富祥彦先生著『教師の悩みとメンタルヘルス』（図書文化社）に次のような一節があります。「生活指導重視の校長のもとで不適格とされた教師が、カウンセリングマインド重視の校長の学校に異動したとたん、有能と認められる。その逆もよくある」——私の場合、後者のパターンかもしれません。

苦しくても辞めずに教師を続けるためには、選択肢を多様にもち、こころにゆとりをもつことが必要です。言い方をかえれば、自分に逃げ道をつくることが重要なのです。私の場合は他県受験や大学院への進学の検討、休養を選ぶことがこころのゆとりにつながりました。

２０１９年、「教師を支える会」に初参加しました。志を同じくし、挫折した後に再起をめざす人々の集いに参加し、何とか立ち上がろうとする気持ちを共有できたことは、大きな励みとなりました。また、インターネット上の教師を応援するブログ、サイトも励みになりました。自分を信じてあきらめないことが教師生活の力になります。私の場合、２０２０年に自分に合った職場へ異動が実現しました。何よりもよき理解者である先輩教師のご尽力の賜物です。また、メンタルヘルスチェック後にご指導をいただいた主治医のご尽力と県教委の理解もあったのだと思います。

最後に、苦しいときを支えてくれた家族に、何よりも感謝の気持ちを捧げたいと思います。

先生たちの自己開示⑧◆◆

管理職としての苦難をどう乗り越えたか

――私に与えられた人生からの問いに応える

清水充治

私の教職員生活で、何度となくつらい時期がありました。ここでは、特につらかった教育委員会での指導主事時代、中学校での管理職時代のことを振り返ります。

人間関係に苦しんだ指導主事時代

市内の市立高校を統合して、新しい高校を開校する計画が具体化していたときのことです。教育委員会に異動して私がその担当になることを、勤務校の校長から打診されました。一度は断ったものの、断れない話だと思い直し、教育委員会で指導主事として勤務することになりました。3月下旬、初めて出席した指導主事会議の議題は市内全校の状況についてでした。勤務校のことしか考えたことがなかった私は、全市的な話についていけず、気持ちを落ち着かせるため、途中で席を離れ、トイレに行きました。それは、困難の始まりでした。

私の当初の仕事は、高校統合に向けた高校連絡会の運営や開校に向けての準備でした。その仕事の担当は、私ともう一人、以前から高校を担当している指導主事のAさんでした。どう進めてよいかわからなかった私は、恐る恐る自分の考えを伝えてことを進めましたが、私の考えはAさんから否定されることが多く、6月には頭痛を感じるようになりました。

翌年4月に高校準備室が新設され、私を含む3人の指導主事と事務職員で開校の仕事をすることになりました。Aさんとは職場が分かれましたが、引き続き連携して仕事を進めました。Aさんは私がまとめた回議文書に承認印を押さないことがあり、途方にくれたこともあります。一番ショックを受けたのは、私たちの課とAさんを交えて会議を行っている最中、私の発言に対しAさんが突然大きな声で「それは違う！」と否定したことです。驚きのあまり私は言葉を失い、その場は静まりかえりました。私はいつしかAさんの名前や声を見たり聞いたりするだけで、体がビクっと反応するようになりました。「恐ろしい」という感情が生まれたのです。

その後はAさんのことに加え、仕事の課題が次々と生まれる中で、私は睡眠がうまくとれなくなり、つらい日々を送りました。仕事の大変さを妻に話すと、「あなたのやりたいように」と言い、ステレオセットを購入するなど、私のこころが軽くなるように気を配ってくれました。そのとき私が考えたのは、いまの仕事は「任にあらず」。他部所への異動でした。

12月の某日、無呼吸症候群の病いもあったせいで、夜中に息苦しくなって目覚め、あわてて呼吸をしました。少し落ち着いたとき、私は体の内の微かな感覚で「もうだめだ」と感じました。「他部所へ異動したい」と妻に告げ、課長にもその旨を告げると、「どうしたらよいか、いまはわからない」と言いましたが、私は思いを伝えられたことにほっとしました。

その週末は2泊3日で、友人が経営する山小屋に泊まりました。私の趣味は登山で、この友人とは20年以上のつき合いがありました。山小屋で手伝いをしましたが、注文された商品の合計額が伝えられませんでした。400円の豚汁と250円のジュースの合計が暗算できなかったのです。思考力が低下していることに気がつきました。それでも山小屋では、みんながあたたかく接してくれたことがとてもうれしく、こころにしみました。夜、山小屋から出て下界を見下ろすと、無数の町の明かりが見えました。明かり一つ一つに人の生活があり、それぞれが悩みをもちながら生きているのかもしれないと、ふと思いました。私だけではないのだと。

翌日出勤すると課長は、「これからは、決定は私がするので必要な資料を用意してください」と言ってくださり、その後の職務は、とても楽な気持ちで行うことができました。

中学校教頭・校長としての悩み、見つけた私の道

その後、教頭として初めて着任した中学校では驚きの連続でした。まず、保護者対応のむずかしさです。入学式後、ある生徒の母親（Bさん）が校長室に来て、「何で私の子が、小学校でトラブルのあった○さんと同じ学級なのか」と激しく抗議されました。校長は小学校へ連絡

して小学校の校長に来てもらい、話し合いをしました。その日は、Bさんも今後の対応などを理解された様子でしたが、その後の数年間、幾度となくBさんと話し合いを行いました。担任への無理な要求も多く、不当な言い分で慰謝料を請求されたこともあります。私は教頭として担任の負担を少しでも軽くするために必要な連絡をしましたが、こちらから電話をしたときは必ず留守電になり、用があるときは必ず先方からの電話で、その内容は要求や抗議でした。

中学校での指導のむずかしさも痛感しました。校舎の窓ガラスは頻繁に割られ、対教師暴力もあり、毎年一人は生徒が鑑別所へ行くような状態でした。夜間に保護者と話し合いをもつことも多く、管理職として先生方の健康には配慮しました。何事もないときは定時帰宅を促し、出張の際は早目に学校を出て町を歩き、世の中の動きを把握するようにと言いました。それでも学校には、「十字軍」と呼ばれる先生方が、夜10時になっても授業の準備や校務を行っていました。私はその先生方をいまでも戦友だと思っています。

この状況をどうにかしたいと、教頭会や校長会のメンバーで、私の子どもが通っていた学校の教師だった人や共通の趣味をもつ仲間に相談しました。私が自己開示をして、具体的な生徒指導の疑問点などを話すと、みなさん親切に助言をしてくれました。

また、あるとき、國分康孝先生が会長をされていた教育カウンセラー協会主催の研修案内に目がとまりました。私は直感で「これだ」と感じました。大学生のとき、私は國分先生の講義を受けていたのです。論理療法を学び、「自分の認知が自分を苦しめている」と気づきました。構成的グループエンカンターの体験学習会に何度か参加して、自分が殻に閉じこもり、他者の目を気にしすぎていることに気づきました。感情を語ることでこころの奥にある思いに気づき、学習会の帰りの電車の中で、こころの重荷がなくなり涙を流したこともありました。

私は変わっていきました。初めは生徒理解、保護者理解や対応について学んでいましたが、学びが進むにつれ、自分自身のことや家庭のことに学びが広がりました。「私の生きる意味は何なのか」――そういう問いを考える機会となりました。ただし、中学校現場の厳しさは変わりません。この中学校で教頭2年、校長2年を務めましたが、校長のときには、ときどき睡眠導入剤を飲む必要がありました。この薬のおかげで睡眠をとることができ、職務を遂行することができました。校長として最後の卒業式で話をするときには、演台に歩いて行く前に涙が流れました。生徒指導で何度となく校長室で話をした生徒たちが席に座り、卒業していく姿を見届けることは、何とも言えない喜びであり、安堵感がありました。

苦難は私に与えられた人生からの問い

長い教職員人生の中で、生き方を変える選択を求められることがありました。教育委員会への異動は迷いましたが、一人で静かに考えたときに、体の中の微かな感覚で求められている感じがしました。「イエス」という選択をしたことは、大きな意味があったのです。

教育委員会での仕事の悩みは、私が多くのことを勝手に背負いこみ、苦しんでいたのだと思います。私には「〇〇を絶対にやらなければならない」という考え方のクセがありました。できないことがあると不安になり、睡眠に障害が出て体調を崩し、自らの仕事に支障が生じたのだと思います。「こうなれば望ましいができなくても仕方がない」と、ものごとを柔軟にとらえればよかったと考えています。また、苦しい状況を乗り越えられたのは、「日常と異なる環境に身を置いて考えたこと」がよかったと思います。さらに「最後までがんばらずに、信頼のおける人、上司に自分の気持ちを伝え、相談ができた」から、何とかなったと考えています。

中学校での保護者対応は大変でしたが、クレームをつける保護者には、わかってもらえない苦しみがあるのではないでしょうか。私にもこの苦しみがありました。それが攻撃的に出るか内に引きこむかの違いであるように思います。教育委員会でAさんとの人間関係で苦しんだことを考えると、経験の浅い人や弱い立場の人に強い態度で接してしまうことが私にもあると気づき、自分の姿勢を見直すきっかけにもなりました。

いまの私はＩ ＡＭ ＨＡＰＰＹ。何気ない日常生活に幸せを感じることができるのも、これまでの試練のおかげです。私の教職員人生におけるさまざまな苦難は私に与えられた人生からの問いであったと、いまは考えています。

周囲の理解が得られない中で養護教諭を続けるには

――志に立ち戻り、子どもたちと、自分と向き合う

山形文子（仮名）

私たちの世代が採用された昭和50年代は、養護教諭という立場が確立されはじめたころでした。当時、養護教諭というと、特殊学級や養護学校（現特別支援学校）の教員と間違われることが多かったように思います。職種を聞かれて何度も説明したことを覚えています。私たちの諸先輩方は、養護教諭の立場の確立をめざし、日々、資質向上をめざし、奔走されていました。そのような時代の流れの中で、私は養護教諭という教職に就きました。

「養護教諭」という仕事を理解してもらえない苦しみ

私の最初の勤務先は中規模の小学校でした。20歳のときです。初任の私を先生方は、とても親身になって育ててくれました。そこには特殊学級（当時）もあり、その学級を担当したのは、ベテランの先生と私と同じ初任の先生の２人でした。特殊学級の子どもたちは、ほかの児童と同様にとてもかわいく、私は、毎日、様子をみに行っていました。

特殊学級の先生方が出張で不在のときのことです。管理職から「特殊学級の児童の様子をみるように」と言われ、私は指示のとおり特殊学級で子どもたちの様子をみていました。しかし、保健室にけがをした児童が来たという連絡があったため、管理職に相談したところ、「保健室への対応はこちらで行うので、特殊学級のほうを優先しなさい」と言われました。

初任の私は、管理職の指示は常に絶対であると思っていましたが、この時ばかりは違うのではないかと反論しました。しかし、返ってきた答えは、「養護教諭なんだから、特殊学級の子の面倒をみるのはあたりまえだろう」というものでした。

私は、同僚の先生方にこの話をしましたが、「知らなかった。養護教諭って特殊学級の資格はもっていないんだね」と逆に言われてしまいました。このとき初めて、自分自身の立場が先生方にきちんと理解されていないことを知りました。自分が就いた「養護教諭」という仕事は、学校の中でこんなに立ち位置がしっかりとしていないことに驚き、それに気づかずに仕事をしていた自分に愕然としました。周囲の職員から理解され、協力してもらっていたと思っていたのは単に独りよがりで、現実は違っていたのではないかとさえ思いました。

A先生をモデルにして、自分と向かい合う

もちろん、周りの先生方から批判や中傷を受けたわけではありません。しかし、私は、日に

日に自分自身のあり方に自信をなくしていきました。「だれでもできる仕事だと思われているのだ」「学校にいてもいなくても、大勢に影響がないような職業なんだ」などと、嫌な考えがどんどん浮かびました。

そんなある日、非常勤講師（1年間のみ）のA先生が先輩方に、「自分は立場が安定していないので、どこまで子どもたちとかかわっていいものかと、いつも考えながら接している」と話している場面に遭遇しました。さらに、「短い期間だけれど、子どもたちのこころに残るような接し方をしたい」と生き生きと話す様子をみて、「この人はすごい」と素直に思いました。

私は、A先生の姿勢といまの自分の姿を重ねてみました。1年間という限られた時間と不安定な立場の中で、それでもしっかりと目的をもって児童たちとかかわっていこうとするA先生。その姿勢から、自分が子どもたちに何を伝えたいのか、どう接したいのか、何を一番優先して考えなければいけないか。これらがはっきりしていれば、それでよいということを学びました。

私は、A先生のシンプルで揺るぎのない力強い言葉に考えさせられました。そして、自分がなぜ養護教諭という仕事を選んだのか、自分はこの仕事に就いて何をしたかったのか、と自問自答し、いまの自分は、ただわれを忘れて混乱していることに気づいたのです。A先生のまねはできないけれど、手本にすることで、自分らしい養護教諭としての立ち位置ができていくような気がしました。

養護教諭としての志に立ち戻る

当時は、朝起きて学校に行くことさえ気が重くなることもありました。でも、自分が向き合っている問題は、私自身の問題であって、周りの先生方に何か問題があるわけではありません。休むことは簡単でしたが、それはとても無責任に感じました。うまくいかないもどかしさで自暴自棄になりそうなときもありましたが、それでも毎日休まず学校に行きました。

このことは、逆によい結果を生み出すことになりました。学校に行くという行動によって、さまざまな経験をしてきた先生方の考え方にふれ、試行錯誤しながら自分の責任を果たしていくことで、少しずつ自分自身と向き合う時間をもつことができたからです。もし、家に引きこもり、一人で悶々と悩んでいたら、いつまでも出口がみえなかったかもしれません。

そんな日々の中で、私は、自分がなぜ養護教諭を志したか、どんな養護教諭になりたかったのか、おぼろげであったものをはっきりと意識し、言葉にできるようになりました。

私は、「子どもたちが成長していく姿を一番身近でみることができる職業」として養護教諭を志したのです。そして、小学校・中学校・高校と勤務し、子どもたちが社会に出ていくまでを追い続けたいと思っていたことを思い出しました。不思議なもので、言葉にすると自分の中で再認識できていくような気がしました。それ以降は、自ら積極的に先生方と協力し合い、子どもたちの成長を見守り、支援することができたと思っています。

高校・定時制高校での勤務と心境の変化

数年後、私は、子どもたちの成長をずっと見守りたいという自分の目的を叶えるため、高校へ転勤しました。しかし、高校での養護教諭の立場も辛らつなものでした。ほかの先生方と意見がぶつかる場面も多々あり、「教員でもないくせに口出しするな」と怒鳴られたこともありました。「同じ教員なのに！」と何度思ったことでしょう。そのようなことが何度も続くなかで、教職員に対する信頼感がだんだん薄れていく自分が怖くなりました。前任校でお手本にしたA先生のような方は、この職場にはいません。

「高校に来て何がしたかったのだろう？」と私は原点に立ち返ってみました。そのときも、「そうだ、私は子どもたちの成長をみたい、勉強したいと思って高校に来たのだ」という言葉がこころの底からわき出してきました。私は、思い切って環境を変えることにしました。定時制高校に養護教諭が配置になるという話が舞い込んできたことも後押しになりました。

その後、定時制高校に15年以上在職しました。その間、勤務外の時間帯を利用してさまざまな研修会へ参加しました。大変な環境で育った子どもたちが精一杯生きている姿に接し、逆に教えられた場面もありました。「子どもを産んだこともないのに、性教育なんかできるか」と教職員に言われたときも、「養護教諭の仕事は何？」と思ったものの、しばらくすると大概のことは大した問題ではないと思えるようになっていました。

養護教諭のもつ特性を日々心がけて

学校で一人勤務の中、いかに自分自身を保ち、養護教諭の仕事を続けてきたか、と考えたときに頭に浮かぶのは、A先生との出会い、そして定時制への転勤が、転機として私によい影響を与えてくれたということです。

また、面白いと感じた研修会には積極的に参加し、異職種の方の話を聞いたり、同じように悩んでいる方の話を聞く機会を得て経験を積んだことも、孤独感から解放されたよい体験となりました。

環境を変えることが困難なときは、そのような場に参加することも大事な転機となります。まずは、動き出すきっかけをつかむことが必要だと思います。

私が養護教諭になった時代は、いまならすぐにハラスメントの対象となりそうなことが、日常茶飯事でした。職種の違いがあり、たとえ立場を理解してもらえなくても、自分の人格や人間性を攻撃されているのではないということをしっかり認識していくことも、自分自身を守る方法として有効だと思います。

養護教諭になり、30年以上たったいまも、「養護教諭は一般教科と違う専門性があるからこそ、見落としそうな子どもたちの小さな変化に気づくことができるという特性をもつ職種である」――このことを日々心がけながら、子どもたちと、そして自分自身と向き合っています。

先生たちの自己開示⑩◆◆

若手教師として教育活動への不安を払拭するために
――「熟練の技」を学び取る

岩崎光（仮名）

現場経験の少ないなかでの生徒指導のむずかしさ

私が高校の教員として働き始めてから一年半ほどの月日が経ちました。駆け出しの教員として仕事を行うなかで一番悩んだのは、「生徒指導の技術やあり方を身につけること」でした。大学を卒業し、いざ教育現場に出ると、少ない現場経験のままで生徒と向き合い、適切に状況を把握したうえで、その場面にふさわしい生徒指導や対応を行っていく機会が数多くあります。これは、非常にむずかしいことだと気づかされました。

「若くして一国一城の主として行動する経験を積むことができる」と他業種の友人に言われたことがありますが、一定の責任のもとで、生徒の心身の成長にとってふさわしい指導や対応を行うプレッシャーは非常に重く感じます。

そのプレッシャーを強く感じるきっかけとなった出来事は、いままで私の指導的立場にあった教員の退職でした。身近におられて、すぐにあれこれ相談させていただくことのできた方がいなくなったため、それからは自分一人で授業や生徒指導のあり方を考えることになりました。

新学期の授業が始まり、クラスをまとめながら生徒と関係性を築き、安定して教育活動を行うことができるようになるまでには、さまざまな出来事が起こります。授業になかなか集中できない生徒やほかの生徒にちょっかいを出す生徒に、自分なりの指導を行っていたものの、「もっとよい指導や対応の仕方があるのではないか」という思いが常にありました。いっぽう、頑なにこころを閉ざす生徒や、逆に距離感の近すぎる生徒に対しての、適切な対応や言葉がけの仕方にも苦心しました。すぐに感情的になる生徒とのやりとりに、いくらか感情が引っ張られて、後々自己嫌悪に陥ることもありました。

ほんとうはベテランの先生方のようにていねいに生徒と向き合い、粘り強く対話を行いながら、生徒の成長のために必要なことを伝えていく指導を行いたいと思っていました。しかし、ほかの先生に、自分の担当クラスの状況や生徒の様子、自分の指導についてうまく伝えられず、生徒指導についての適切な助言をいただくことができずにいました。

また、自分なりに生徒指導について記された書籍を探して、その技術を用いようとしてはみたものの、指導の場面は複雑で多岐に渡るため、その状況にうまく重なるような知見を得ることはむずかしく、私の力不足もあり、多くの学びを得ることができませんでした。

そのままいくらかの月日が過ぎました。表面的には教育活動を行うことができていたのですが、私の内面ではいつまでも悩みやモヤモヤした気持ちが募るばかりでした。

生徒指導の「熟練の技」を学び取る

「このようなことを続けていても、教育者として成長することができない」という思いが強くなっていました。そのときふと書籍の内容を思い出し、生徒指導の「熟練の技」をベテランの先生方から学び取るために何をすべきかを考え、さまざまな取り組みを行いました。

その一つ目は、「状況を整理して、自分を客観視する」ことでした。

具体的には、ペンを片手に、自分の指導内容やそのときの生徒の状況、自分がその指導を行った動機や背景、指導を行った際の生徒の反応や自分の感情の動きまで、紙に書き出すようにしました。これにより、そのときはとらえきれなかった自分の行動を客観的にみることができ、向き合う生徒の成長のためにふさわしい行動がとれていたか、より冷静な観点でとらえることができました。また、感情の動きをより精細に書き出すようにしたことで、生徒指導の際の自分の感情の動き方をとらえることができました。

多くのベテランの先生方とお話しさせていただくなかで、生徒との間に適切な距離感を保ちながら指導することができる先生は、自分自身の性格や感情についての深い理解があり、自分のパーソナリティの強みを生かしながら、感情を適切にコントロールしながら指導を行っていることに気づきました。最近では、あえて感情をきれいに整理することなく、ペンを走らせていくなかで思い浮かんだ気持ちやイメージなども書き取るようにしています。

二つ目は、「ベテランの先生方に相談して『行動指針』を学び取る」ことでした。自分の状況を整理した際に用いた紙を手にしながら、自分の指導の状況をていねいにお伝えした後に、「先生でしたらどのような対応をされますか」、もしくは「先生でしたらどのようなことを念頭に置いて指導なさいますか」という切り口でお話を伺いました。

しっかりとした生徒指導をされる先生ほど、生徒と接する際の行動指針のようなものを、簡素でわかりやすいフレーズとしてもっていることに気づきました。例えば、学習内容に集中できない生徒に対しては「発問と対話を中心に」、特別な配慮が必要な生徒に対しては「指導と支援の両輪を意識する」、適切な距離感を保つことがむずかしい生徒に対しては「毅然とした面と受容する面を使い分ける」などです。豊富な現場経験と知性によって練られた「行動指針」を念頭に置いて、それに照らし合わせるかたちで個々の状況に対応することによって、より柔軟で、個々の生徒に合った生徒指導を行っていることがわかりました。

状況を整理して、ベテランの先生方に「行動指針」を教えていただくことを繰り返し、幅広い生徒指導の場面で冷静な対応ができるようになりました。すぐにうまくいったわけではありませんが、モヤモヤした気持ちを抱え続けることなく、対話を通して、自分の中に教育経験を積み重ねようとする姿勢をもちながら、教育現場で働くことができるようになりました。

悩みやモヤモヤを「学びのチャンス」ととらえる

そろそろ教師2年目になりますが、相変わらず自身の教育活動についての悩みはつきません。しかし、多くの先生方のお力添えと、向き合い続けてくれる生徒たちのおかげで、最近では、自分の中にも生徒に向き合う際の行動指針が育ち始めて、自分の考えをベテランの先生にお話させていただき、それをもとに議論をすることもできるようになってきました。

そして、自分の中で生じた悩みやモヤモヤした気持ちを「学びのチャンス」として前向きにとらえることができるようにもなりました。これに加えて、最近ではさまざまな研修への参加や読書等を行うことで、自身の知見を深めようとしています。

具体的には、教員やスクールカウンセラーのための研修や勉強会に参加することによって、自分の状況を客観視する技術や、状況を説明する技術、生徒指導の技術やあり方について学んでいます。また、書籍で学んだ哲学者・心理学者ジェンドリンが体系化した「フォーカシング」という手法も、自分の内側と深くつながり、冷静に自分自身の状況や感情と向き合う際に大変役立つため、現在も学び続けています。

先生たちの自己開示（結び）◆◆

カウンセラーからみた現場教師の悩みと対処法

田中典子（公立中学校スクールカウンセラー）

カウンセラーからみた「教師の悩み」と「悩み方」

私はこれまで、スクールカウンセラーとして複数校の担当、講演、修士論文への協力、教師を支える会等を通じて多くの先生方とお話をしてきました。その経験から、教師の悩みと悩み方について気づいたことがあります。「悩み」の概要は、次のようなものだということです。

A：うまくいかないことは自分の力量不足ととらえがち
B：ベテランは忙しそうで、相談しては悪いと思ってしまう
C：新人は一生懸命で、向こうから頼ってこないと助言しにくい
D：自分の学級の児童生徒のことは自分で解決しなくては、と思ってしまう
E：うまくいかないときは周りがうまくいっているようにみえてつらい
F：自分は児童生徒が相談しやすい教師か自信がない

また、「悩み方」にも傾向がありました。責任感があり誠実な先生ほど自分のことは語らず、

まとまりにくい学級経営や反目してくる生徒、批判的な保護者に関して、「孤独に悩んでしまう」のです。職員室では、話しやすい人に会話は集まります。そこで何となく疎外された気持ちを感じてしまうと、何でもない会話にも入れなくなり、余計に一人で抱え込んでしまうようになります。がんばり屋で我慢強い性質が、悩みの抱え方にも作用してしまい、体や生活にSOSが出る（「身体化」する）まで耐えてしまうのです。

一方で、いっぱいいっぱいな気配を周囲に出せないまま、ある日から急に学校を休むようになる先生もいらっしゃいます。そういった抱えてしまいやすい先生には、グチをこぼすことが苦手な方が多いように見受けられます。誠実な人ほどグチをこぼすことに抵抗があります。グチについてマイナスなイメージがあり、吐き出してみる行為を妨げている印象があります。

悩みは、「どうせわかってもらえない」「話したところでしょせんは自分」といったネガティブバイアスを生みやすいものです。でも、たとえ解決にはいたらなくても、理解してもらえる充足感をあきらめてしまうのはもったいない話です。「つらかったですね」「そんな状況ではだれが対応してもむずかしいですよ」と言ってもらったとき、悩んで萎縮している気持ちを理解者と共に自分ですくい取り、あたたかく包み込むことは、解決へのエネルギーとなりえます。

文部科学省の「教師への満足感・負担感の調査」（教員意識調査、平成18年）でも、全体には残業や多忙、事務業務（成績処理・提出書類等）の負担などがあがっていますが、「やりがい、成長感、適応感が高く、他の教師からも学ぶことが多い」と満足度が高いことが示されています。しかし、肉体的・精神的な疲れが翌日まで残りやすい、ストレスにより教育雑誌を読まなくなった、職員室の机が散らかってきたなど、生活の余裕をもちにくい傾向も示され、一部の教師に過度な負担が大きいことも明らかになっています。

こぼせる人に「少ししんどいな」と早い段階でつぶやくことは、ご自身の中で「それもあり」にしていいのでは、と思います。「こぼしてみようかな」と思ったときに顔が浮かんだ人を頼ってみることも、小さなことですが、大きなメンタルヘルス・ストラテジー（方略）です。

スクールカウンセラーとして私がアドバイスしていること

悩みをストレスと言いかえたとき、生きものは二つの対処（行動）をとると説かれています。一つは「逃げる」、そしてもう一つは「戦う」です。人間の場合、「逃げる」は、その悩み・ストレス対象から距離をとることで、具体的には、休む、担当を代わってもらう、対応を代わってもらうなどです（先の調査では「休みを言いづらい」というのもあがっていましたが）。「戦う」は、説明や理解を求めていく、交渉してみる、といったことになります。

これらに加えて、私は第三の対処として「理解者を得る」、つまりわかってもらえる人を得ることが重要、と助言しています。「だれか、話してみようと顔が浮かぶ人はいませんか」と。

ストレス状態にならないに越したことはありませんが、ストレスは避けては通れないものです。それよりも、ストレスを感じたときの対処法を知り、軽減する方略を多くもつほうが現実的です。

カウンセラーの私でも、自分の悩みを解決することは簡単ではありません。私の場合は、幸いにもカウンセラーの友人が多いことから、やさしく聞いてほしいときはXさん、厳しく注意してほしいときはYさんと、場面ごとに「私の支援者」に相談しています。要はためこまないようにしているのです。時には私も頼られて、お互いさまの関係であることが気兼ねをなくし、ハードルを低くしているでしょう。また、業務上、「スーパービジョン」といって、専門職として教授などにケースを相談し、客観的な軌道修正の機会をもてることも大きいといえます。そう、サポーターの存在です。

あなたにとっての理解者は、理屈ではなく、あなたのこころが求めます。「この人なら」と。私が相談を受けた先生方も、話しているうちに「一人、気にかけて連絡をくれる人がいてね」「そういえば、前の同僚が……」と、その存在を思い起こすことがよくあります。頼られた方も役立ち感という満足を得ることができるので、お互いさまでもあるのです。遠慮の垣根を越える勇気を少しもち、それが起動するエネルギーが残っているうちに、悩みをつぶやいてみませんか。もちろん、先生方の勤務校のスクールカウンセラーも利用してみてください。

第5章

自分と、そして同僚・管理職とよい関係をつくる

――セルフヘルプ法と学校でできる研修

◆自分とよい関係をつくる（153〜163ページ）

本章では、メンタルヘルスを守るために、ご自身でできるセルフヘルプ法について紹介します。まず、リラックスやストレス緩和効果が期待できる、呼吸法とマインドフルネスについて知っておくと、いつでも実施できて役に立ちます。

そして、自分自身のこころの状態を客観的にみたり、苦しい気持ちとつき合うためのワークシートを使ったセルフヘルプ法を四つ紹介します。

◆同僚や管理職とよい関係をつくる（164〜171ページ）

超多忙の学校で、メンタルヘルスの研修会や職員行事の時間を捻出することは簡単ではありません。そこで、日常の業務をひと工夫することで、先生同士が本音で交流できる場面をつくるとよいでしょう。

例えば、子どもや保護者との面談前に、「聴き合う練習」を教師同士で行ったり、学級で子どもたちに行う予定の「エンカウンター」を教師同士で体験したりします。これによって、本来の目的である子どもたちとの面談や、子どもたち同士のエクササイズがスムーズに実施できるうえ、教職員の関係をよくすることができます。

1 呼吸法 ――腹式呼吸でリラックス

私たちは、緊張や不安があると、浅く速い「胸式呼吸」になっています。すると交感神経が高ぶり、緊張感や不安感が増してしまいます。

不安やストレスの緩和に、即効性のある対処法として知られているのが、「腹式呼吸」です。吐く息を意識的にゆっくり行うと、自律神経を刺激して、副交感神経が優位になり、リラックスしてくるといわれます。

日常的にご自分の呼吸を意識し、「ちょっと呼吸が浅くなっているな」と思ったら、腹式呼吸を取り入れて、リラックスするように心がけましょう。

ここでは、一般的な複式呼吸の方法を紹介します。

① 楽な姿勢でいすに座るか、仰向けになり、軽く目を閉じてリラックスします。
② 唇をすぼめて、できるだけゆっくりと、息を吐き出せるだけ吐き出し、体の力を抜いていきます。
③ 一気に鼻から息を吸い、おなかを膨らませるようにして空気を入れます。
④ ②と③を数回繰り返します。自然な呼吸に戻し、ゆっくり目を開けます。

2 マインドフルネス ——ストレス軽減に

私たちは、「過去」の失敗や不快な出来事を思い返しては嫌な気持ちになったり、「○○になったらどうしよう」と「未来」を憂いて不安になったりします。そこで、近年注目されているのが「いま、ここ」にフォーカスする「マインドフルネス」です。

マインドフルネスについて、日本マインドフルネス学会では、「いま、この瞬間の体験に意図的に意識を向け、評価をせずに、とらわれのない状態で、ただ観ること」と定義しています。なお、「観る」とは、「見る、聞く、嗅ぐ、味わう、触れる、さらにそれらによって生じるこころの働きをも観る、という意味である」としています。

マインドフルネスには、リラックス作用やストレス軽減、集中力の強化などの効果があるとして、欧米では、アップルやグーグル等の大手企業の社内研修等で用いられていることから知名度が上がり、積極的に取り入れている学校もあります。科学的にも、不安や恐怖を和らげることがわかってきています。

マインドフルネスのベースは瞑想です。瞑想法はたくさんありますが、大きく分類すると、集中してこころの動きを止める止瞑想の「サマタ瞑想」と、あらゆる体験を評価せず、囚われのない状態で観察する観瞑想の「ヴィパッサナー瞑想」に分けられます。

ここでは、サマタ瞑想の一種で初心者におすすめの「数息観」（すそくかん）を紹介します。

自分の呼吸に集中し、呼吸の数をカウントしてこころを鎮めていくものです。

数息観

① 床にあぐらをかくか椅子に座ります。頭と首と背筋が一直線になるよう、背筋を伸ばします。手の平を上にして膝の上に置きます。首筋や肩の力を抜きリラックスします。顔を正面に向け、視線を45度ほど落とし、前方約1mあたりを半眼でぼんやりと見ます。
② 息はまず鼻から吐き出して鼻から吸います。ゆっくりと腹式呼吸を行い、息を整えます。
③ 息を吐くときに「ひと～つ」とこころの中で数え、次の吐く息で「ふた～つ」と数えます。呼吸は「長く吐く、短く吸う」を意識して行いましょう。
④ 10まで数えたら、また1からカウントを始めます。意識が呼吸からそれたときは、呼吸へ意識を戻し、また1からカウントします。

1日10分くらいから始めてみましょう。

なお、ＰＴＳＤや中等度以上の不安障害などの精神疾患のある方は、瞑想中にフラッシュバックが起きるなどの恐れがあるため、実践する前に専門家に相談してください。

3 こころスケール——自分の心身の状態を客観的にとらえる

多忙な日常のなかで、「なんとかがんばらねば！」といつも気を張っていると、ご自身のストレスや疲れの度合いに気づかないまま、あるいは、「あえて気づかないように」しているうちに、疲れとストレスが蓄積されてしまいます。そして、ある日突然、ガクっと落ち込んでしまう先生もいらっしゃいます。

そうならないために、自分の体やこころの調子を感じ取る力を育み、自分の体やこころと上手につき合っていくことが大切です。

「こころスケール」によって、ご自身の体やこころがいまどのような状態なのか、振り返りましょう。ここ一週間のご自分の状態について、各項目ごとにスケーリングし、スケールの下に言葉でその状態を表現してみましょう。（記入例：からだスケール「マイナス5」、体が重くだるい。右肩に痛みあり）

定期的にスケーリングし、ご自身の「いまの状態」を確認することをおすすめします。

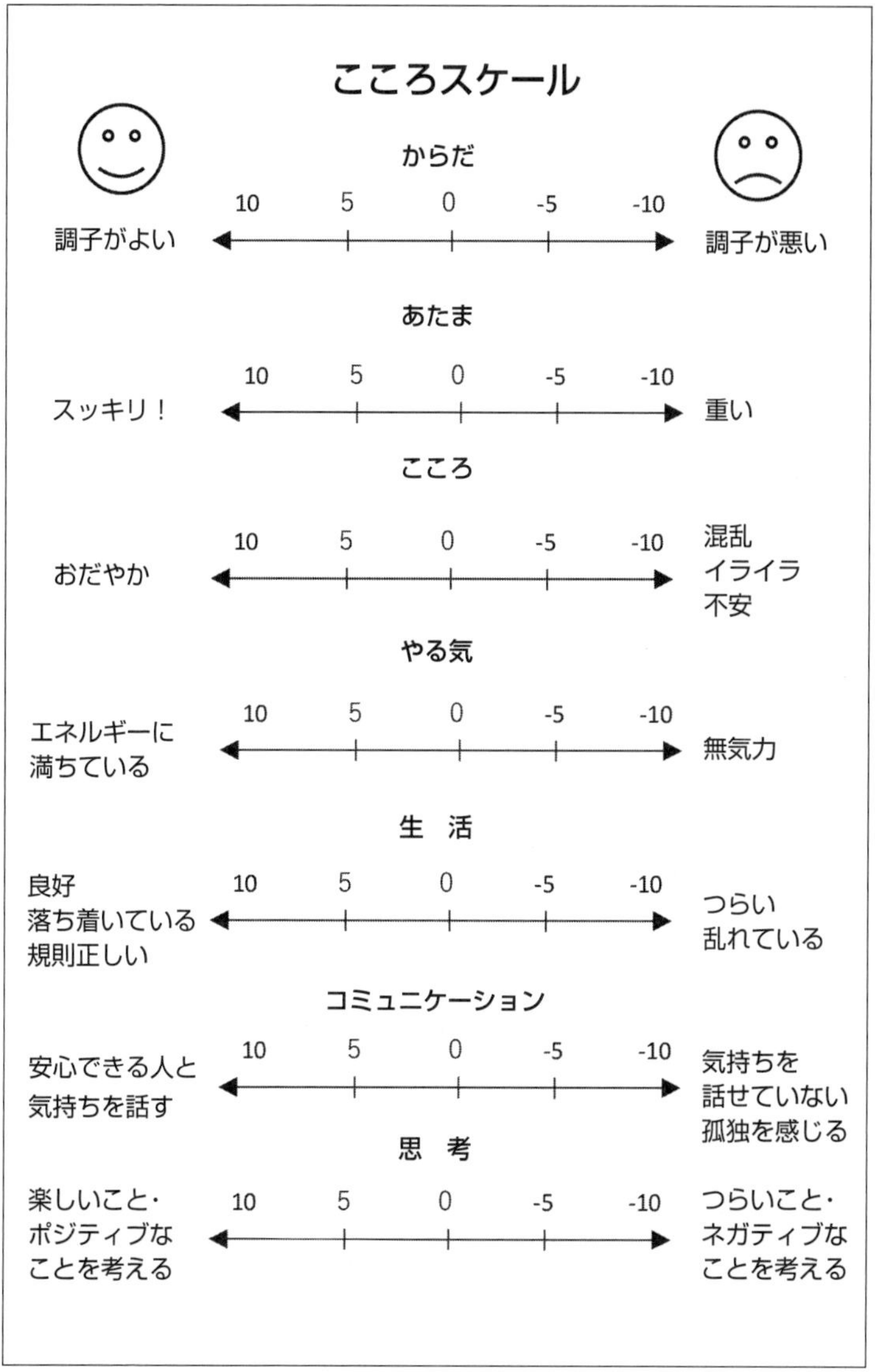

『自己表現ワークシート２』（大竹直子著，図書文化社）p50を改変

4 気持ちの居場所 ――安心しておいておける気持ちの居場所を見つける

このワークは、フォーカシングの「こころの空間づくり」という技法をもとにしたものです。

私たちは、つらい気持ち、苦しい気持ちをこころの中においておきたくなくて、つい追い出そうとしてしまいます。しかしそのつらい気持ち、苦しい気持ちも、実は「大切な気持ち」なのです。自分の中にある否定的な気持ちや認めたくない気持ちを「安心できる場所」におくことができると、自分とその気持ちに「間」がとれてきます。

「ここだったら安心しておいておける」という居場所を見つけて、ワークシートに自由に書いてみましょう。すると、安心してその気持ちと向き合うことができたり、こころのエネルギーを取り戻すことができます。どんな気持ちとも大切につき合っていくトレーニングをしましょう。

記入例：管理職に低い評価を受けて悔しい→散歩に行く公園にある巣箱の中

クレームをつけてくる保護者の対応がつらい→押し入れの段ボール箱の中

『自己表現ワークシート２』（大竹直子著，図書文化社）p54 を改変

5 見守ってくれているもの ——内なる声に耳を傾ける

私が専門としている「トランスパーソナル心理学」から、「見守ってくれているもの」（＝自分を超えた何か）を感じることで、自分の内側から聴こえてくる声に耳を傾け、その声を認めることで、自分を慈しむワークです。

① 自分を見守ってくれるものを一つ思い浮かべましょう。太陽でも星でも、窓の外をふと見たときにあなたにささやきかけてくれるように見える木でもかまいません。

② そこから（星や木の立場から）いまの自分を見つめてみましょう。どんなふうに映りますか？　例：「いま子どもを見るとイライラしてしまうんだね」

③ そのメッセージをどのように大切にできるでしょうか。その存在そのものを認めてあげるようなメッセージを送ってあげてください。例：「そうだね。そう思ってはいけないと押さえていたけれど、子どもが嫌いだと思う自分がいるよね」

「私の中には、子どもが嫌いだと思う自分がいる」と、その気持ちの存在を認めてあげましょう。そして「そんな気持ちとつき合いながら、でも何とか教師をやっていこう」などと、そのメッセージから学べることを書き出しましょう。

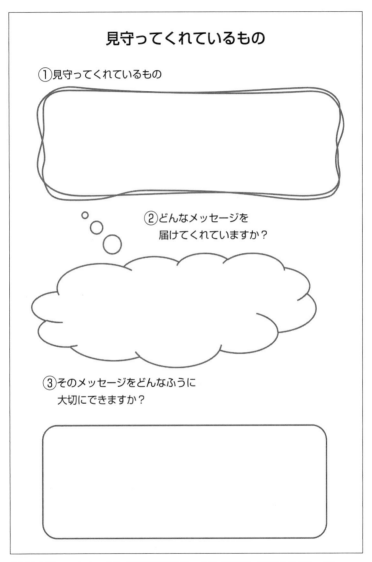

見守ってくれているもの

①見守ってくれているもの

②どんなメッセージを
届けてくれていますか？

③そのメッセージをどんなふうに
大切にできますか？

『自己表現ワークシート』（諸富祥彦監修，大竹直子著，図書文化社）p76
『自分を好きになる子を育てる先生』（諸富祥彦，図書文化社）p191 を改変

6 こころの中の小さな声 ——満たされない思いに気づく

このワークは、マインドフルネスの意識状態を応用した心理療法の一つ「ハコミセラピー」のプローブという技法をもとにしたものです。このワークを経験すると、自分のこころが「何によって傷つけられているのか」「どんな満たされなさを感じているのか」に気づくことができます。

① ワークシートにある五つの言葉（自分への問いかけ〔いたわりの言葉〕）を一つずつ、ゆっくりと3回音読して、自分の体やこころがどんな反応をするか感じましょう。

② それをワークシートに書きましょう。五つ全部書いても、特にこころに響いてきた言葉だけを書いてもかまいません。イメージや色、胸のあたりがあたたかくなったなどの体の感じを書いてもいいでしょう。自分のこころの声を聴きましょう。

記入例：「あなたはもっと言いたいことを言ってもいいんだよ」→「私が提案することにことごとく反対してくる管理職にうんざりして、最近は言いたいことも言えなくなっているよね。認められない悔しさとあきらめが混在しているなあ」

「悲しいときは泣いてもいいんだよ」→「耳の奥で雨音が聞こえてくるイメージ」

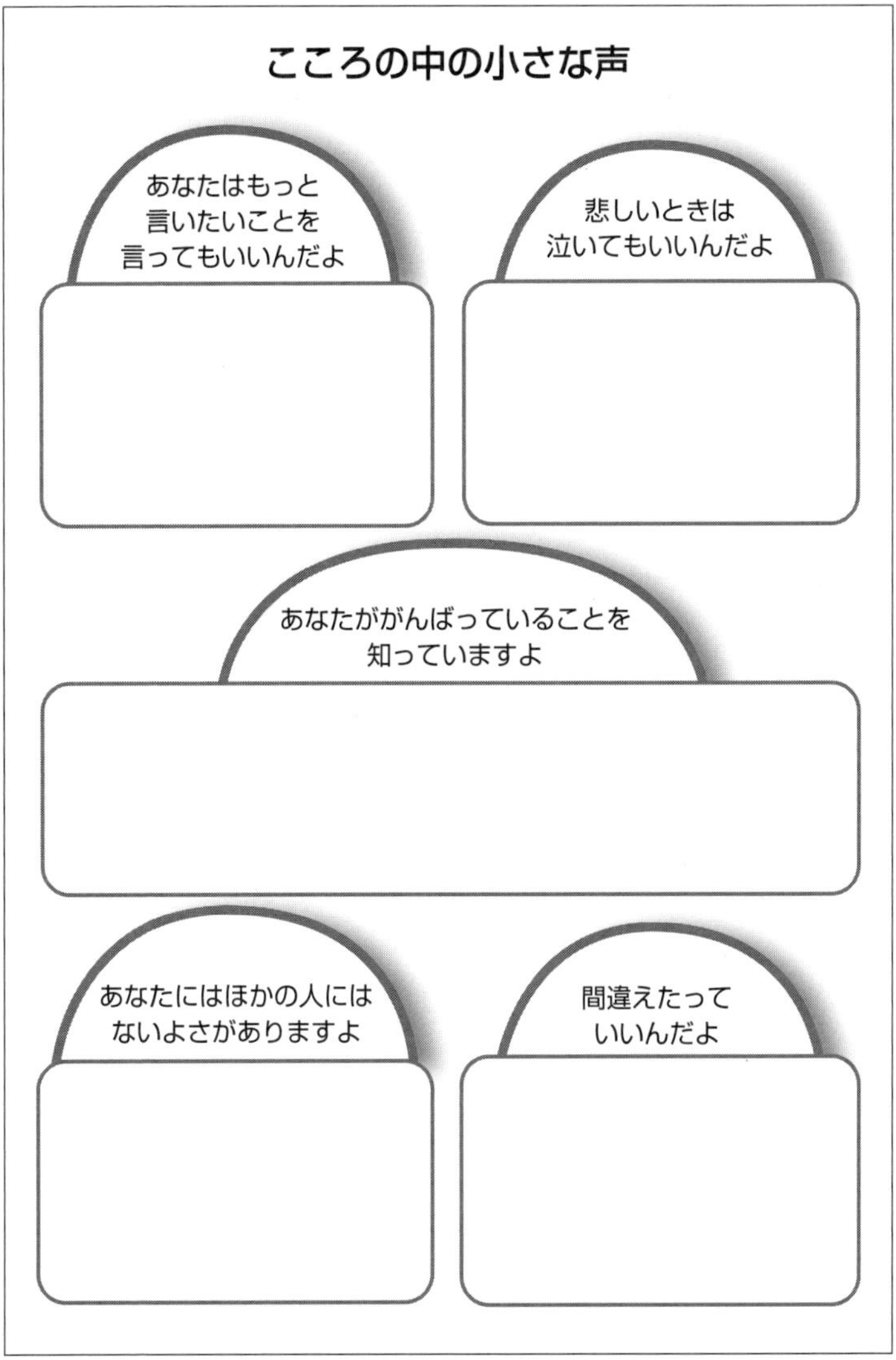
こころの中の小さな声
あなたはもっと言いたいことを言ってもいいんだよ
悲しいときは泣いてもいいんだよ
あなたががんばっていることを知っていますよ
あなたにはほかの人にはないよさがありますよ
間違えたっていいんだよ

『自己表現ワークシート』（諸富祥彦監修，大竹直子著，図書文化社）p72 を改変

7 聴き合う練習 ——教職員同士の相互理解

面談実施前の校内研修として行う場合

保護者面談や児童生徒面談の実施前の校内研修として、10分間程度の「話を聴く練習」（傾聴訓練）を位置づけるとよいでしょう。教職員同士でペアになって、教師役と子ども役の両方を体験するロールプレイを行うのです。

これは、子どもの本音を聴くための訓練になると同時に、教職員同士の相互理解に役立ちます。ペアになる先生は、ベテランの先生と若手の先生というように、ふだん交流の少ない先生同士で組むようにしましょう。教師役は、ひたすら相手の話に耳を傾けます。

最初にモデルとして、管理職が教師役（聴き役）、若手の先生が生徒役（話す役）になって行うとよいでしょう。ある校長先生がこのロールプレイを行ったところ、若手の先生から、「土日の部活の指導がとても大変で、平日は食事ものどを通りません」といった話が語られたそうです。校長先生はそれまで、遅刻が多いその先生の勤務態度を「だらしない」と感じていたそうですが、いままではわからなかった苦労に共感し、その先生への理解が深まったと言います。

教職員の関係性を高めるための校内研修として行う場合

比較的短時間でできる、若手とベテランがわかり合うためのトレーニングを紹介します。

①　ベテラン同士で行う若手への声かけ練習

ベテラン教師同士でペアになり、一人が落ち込んでいる若手教師役、もう一人がその先生に声をかける役を演じます。3～5分ほどで区切り、よかったポイント、改善ポイントをフィードバックします。ベテランの先生は、経験談を長々と話したりせず、状況をていねいに聞き出し、何が課題でどうすればいいかを一緒に考えることができているか確認しましょう。8対2くらいの割合で、若手教師役が多く話す状態になるよう意識して行います。

②　異年齢グループで自己開示

若手・ベテラン教師が混じり合った4～5人で一つのグループになり、「これまでの教師人生で一番つらかったこと」を自己開示していきます。どんな悩みだったか、それをどのように乗り越えたのかについて、1人5分程度で順番に話します。批判はいっさいせずに、話し終わったら「がんばった、がんばった！」とエールを送ります。

ベテランの先生にもつらい思いがあったことがわかると、若手の先生も自分もがんばろうと思えるはずです。私がある学校でこの研修を行った際には、「こんな研修を求めていたのです！」と若手の先生から言ってもらったことがあります。

8 エンカウンター ――教職員同士の関係をよくする

いじめ・不登校予防として、学級のあたたかな人間関係を築くために、構成的グループエンカウンター（ＳＧＥ）を取り入れている学校は多いと思います。子どもたちに行う前の校内研修による体験は、教師同士の関係をよくするためにも非常に有効です。校内全体での研修はむずかしい場合でも、学年会で「今度、○年生で○○のエクササイズをやろう。その前に自分たちも体験してみよう」と、先生方で誘い合って行うとよいでしょう。

特に、ポジティブな内容を伝え合うエクササイズを行うと、「あの先生があんなことを言ってくれた」「自分のこんなところをほめてもらった」など、その場が盛り上がるだけではなく、あとあとまで先生方のこころの中に残るようです。教職員同士で行うことで同僚性を高めるのにおすすめのエクササイズをいくつか紹介しましょう。

なお、エクササイズの最後にはシェアリングを行い、いまの気持ちを伝え合います。

① **アウチでよろしく！**：一人一人の目をしっかり見て、人差し指同士の先をふれあい「アウチ！」あるいは「よろしくお願いします」とあいさつします。ワークの最初に行うものですが、最初の保護者会などでの関係づくりにも活用できます。「教師と保護者のみなさ

んは、一緒にお子さんを育てていくパートナーです。一緒に力を合わせてがんばっていきましょう」とさわやかにパートナー宣言をしたあと、教師と保護者全員、保護者同士も全員があいさつし合います。

② **二者択一**：4～5人のグループになり、対照的な二つの言葉（例：海か山か、社長か副社長か）が列挙されている用紙を見て、自分の好きなほう、大切だと思うほうの言葉に○をつけて、選んだ理由をグループで話します。お互いの好みや考え方を伝え合うことで、相互理解を促進します。

③ **私の四面鏡**：4～5人のグループになり、ワークシートに並んだ50個程度の言葉（例：頼りになる、公平な、陽気な、意志の強い、あたたかい）の中から、相手のイメージに合う言葉を3～5個選び、記入します。その後、メンバー一人一人にグループのメンバー全員が、その人のイメージとして選んだ言葉を伝えます。肯定的な印象を伝え合うことで、自己イメージを変え、自己肯定感を高めるきっかけにします。

引用参考文献：『構成的グループエンカウンター事典』（國分康孝・國分久子総監修、図書文化社）「アウチでよろしく！」川端久詩、ｐ348／「二者択一」森田勇、ｐ360／「私の四面鏡」川崎知己、ｐ444

9 元気のもと ——自分に活力をくれる元気のもとを書き出そう

心身がお疲れモードのときには、自分を元気にしてくれる出来事や言葉、場所などを書き出してみましょう。このワークは一人でもできますが、ここでは複数人で行う場合の方法を説明します。10～15分程度で行えますので、学年会などで行ってみてください。

① 導入：担当の先生「(何度か深呼吸して落ち着いたところで) 先生の元気のもとは何ですか？ 疲れたとき、落ち込んだとき……そんなときは、少し時間をとって、ご自身の元気のもとを思い返して書きとめてみましょう。そして、ひと休みしましょう。元気のもとをいつもこころの片隅においておけると、自然とエネルギーが補充されます。頭で考えて書くというよりは、思い浮かんだら書くというように進めてください。全部の項目を記入する必要はありません。思いついたものを書くようにしましょう」

② 展開：終わり近くには「あと2分ほどで終わりにします。私の元気のもとはこんな感じかな？ と眺めるように確認してください」

③ まとめ：シェアリングする場合は、「評価しない」というルールを確認後、質問し合います。これがコミュニケーションのきっかけになります。その後、感想を書きましょう。

元気のもと

大切にしているもの

幸せだなぁ～と
実感したこと・するとき

ホッとできる場所・時

自分へのごほうび

子ども（保護者・同僚・
家族）から言われた
嬉しい言葉・エピソード

元気が出る言葉・
歌（本・映画等）の
フレーズ

座右の銘

その他

『自己表現ワークシート２』（大竹直子著，図書文化社）p92 を改変

10 アサーショントレーニング ――断り上手になろう

先生方の中には「断り下手」な方が多いものです。これは「学校文化」と関係していると思います。学校文化とは、「教師は期待し、子どもが応える」文化です。教師になった人は、この学校文化になじみ、大人の期待に上手に応えてきた人が少なくありません。

ですから、「相手の期待に応えなければ」という思いが強く、仕事を頼まれればオーバーワークであっても引き受けてしまう方が多いのです。しかし、仕事が次々回ってくるうちに、多忙による体の疲れと「なんで私ばかり」というストレスが重なり、うつになって休職に追い込まれてしまうケースは少なくありません。

そうならないためには、「自分は、いま、どんな仕事をどの程度まで引き受けられるのか」、知る能力を身につけること。そして、「アサーション」を学ぶことです。

アサーションとは、自分も相手も大切にする「さわやかな自己表現」のことです。このアサーションができるようにする練習を「アサーション・トレーニング」といい、私も教員研修でよく取り入れています。

人間の対人行動には、三つの特徴があります。他者を責める「アグレッシブ（攻撃的）な行動」、気持ちを飲み込んで耐えてしまう「ノンアサーティブ（非主張的）な行動」、そして、相手にも配慮しながら自分の気持ちをうまく伝える「アサーティブな行動」です。

仕事が山積の中で、新たな仕事を頼まれて断りたいときの行動を、この3パターンでみてみましょう

① 攻撃的な行動：「いい加減にしてくださいよ！　私がどれだけ大変か、あなたにはわからないんですか！」とキレる。

② 非主張的な行動：「ええと……そうですか。わかりました」と引き受けてしまう。

③ アサーティブな行動：「私もこの仕事ができればいいなと思うのですが、いまこの仕事とあの仕事が重なっていて、限界なんです。申し訳ありませんが、今回は遠慮させていただけるとありがたいのですが。今後、少し余裕ができたらお引き受けしますね」

アサーション・トレーニングは、子どもたちの問題行動の防止にも役立ちます。

例えば、教師同士で、万引きに誘う役・誘われる役になって生徒の前で演じる方法もあります。アサーティブな言い方では、「あなたのことは大事な友達だと思っていて、これからも仲よくしたいと思っているけれど、万引きはできない。今回は仲間に入れない」などとなるでしょう。まず、教師がアサーティブにNOと言う力を磨いてください。子どもたちにその力を伝えていくという観点からもアサーションを学ぶことは大切です。

第6章
「教師を支える会」の役割と教師の立ち直りのプロセス

大竹直子（臨床心理士・公認心理師）

1 「教師を支える会」の果たしてきた役割

私（大竹）は、「教師を支える会」発足当初から、相談員や運営スタッフとして携わり、会にかかわるみなさんの伴走者として歩みを共にしてきました。

教師を支える会は、教師ならだれでも参加できるオープン・グループです。

参加のきっかけとしては、新聞や本で知り、参加してくださる方、相談先をインターネットで探し参加してくださる方、同僚や知人の紹介によって参加してくださる方などさまざまです。

また、参加の理由としては、ご自身が悩みを抱えていることもあれば、同僚の先生が悩みを抱えていて、「どのようにサポートをしたらよいのかを考えたい」という理由で参加される場合もあります。

このように、参加の理由や背景はさまざまですが、20年余りを振り返り、教師を支える会が参加者にとってどのような役割を担っていたのかを考えると、次の八つに分類することができます。

① 駆け込み寺的な機能

「どうしていいかわからない」「このままでは、つぶれてしまいそう」と駆け込んで来られる参加者がいます。教師が学校で問題を抱えるとき、それは日常的に繰り返され、繰り広げられ、早急に対応が求められます。職場に、一緒に考えてくれる同僚や味方になってくれる管理職がいれば、どうにかしのいでいけることもあるでしょう。

しかし、そうした仲間がいない場合、職場の外に支援を求める場所が必要になります。教師を支える会もそうした機能をもつ場所の一つとなっています。

② 居場所的機能

悩みを抱えながら仕事を続けることは、体もこころもつらいものです。「問題は変わらず続いているけれど、どうにか耐えながら踏ん張れている」「不安や心細さ、体調不良を感じながらも日々の仕事を続けられている」と語られる参加者からは、「ここ（定例会）に来て、話を聴いてもらうのを励みにがんばっていた」「みなさんの話を聴かせてもらうと、また明日からがんばろうという気持ちになれる」という感想が語られています。

「一人で悩む」のと「みんなで悩む」のとでは、大きな違いがあります。教師だからこそ理解し合えることや具体的にアドバイスし合えること、言葉にならない思いも含め、お互いに感じ合い支え合うことができる居場所としての機能があります。

③　表現の場としての機能

教師が抱える悩みや問題は、学校ならではの多様な状況や人間関係が絡み合い、起きていることがほとんどです。多忙な毎日であるほどこころがついていかず、現状を整理し受け止めることがむずかしい場合があります。職場や日常の人間関係を離れたグループの中で、自分の状況や気持ちを語ることが、客観的に自分の状況や気持ちを理解することにつながります。

このように、日常を表現する場、安心して自分を表現できる場としての機能があります。

④　情報収集機能

子ども・保護者・管理職や同僚への対応について、「こんなとき、どうしている？」「どんな方法がある？」などの情報交換も多くなされています。それぞれの参加者は、教師という経験から、また自らが問題を抱え悩んできた経験から、すでに多くの知識や知恵をもっています。学級経営、問題を抱える子どもへの対応、保護者支援、休職や復職にかかわる方法や情報など、さまざまな情報交換がなされ、情報収集する場にもなっています。

⑤　コンサルテーション機能

定例会では、つらい気持ちを吐露し共感し、気持ちを支え合うだけではなく、現実的で具体的な問題の検討も行います。ほとんどの教師（参加者）は「自分のこと」以上に、子どもたちのこと、教育のこと、学校現場のことを考えています。特に、悩みや問題が長期化・複雑化しているときにはコンサルテーションは有効です。

定例会には、教員（小・中・高等学校、特別支援学校、管理職や若手の先生、養護教諭などさまざま）、大学教授、カウンセラーなど異なる専門性をもった人たちがいます。よりよいあり方、考え方を話し合い、悩んでいる先生が「いま、できること」を具体的に見つけるための話し合いの場、コンサルテーションの機能をもつ場にもなっています。

⑥　互助機能

教師を支える会の定例会は1回2時間で行われ、一人ずつ、いま抱えている悩みについて語り、それについて参加者で話し合い、そのことがひと区切りつくと、また別の参加者が語り始める……という流れがあります（もちろん、発言は強制されるものではなく、話したい人が発言します）。

つまり、参加者のだれもが相談する人であり、サポートする人でもあるのです。お互いに支え合う存在です。

また、継続的にグループに参加されている方の中には、現在は大きな悩みはないけれど、自分の悩んだ体験、支えてもらった経験をもって、支える側として積極的に参加してくださっている方もいます。

⑦ 見通し獲得機能

深刻な悩みにより疲弊しうつ病と診断され、休職に入るとき、「この先、教師としての自分はどうなるのだろう」などの不安を抱えている場合が多くあります。

このとき、参加者の中には、同様の体験を過去に経験した人がいることもあり、その人の経験を聴くことにより、今後について見通しを得られることがあります。具体的な手続きや仕事の仕方だけではなく、「休職している間のこと」「役に立った情報」などのほか、「病気になったことで自分とのつき合い方がわかり、楽しく仕事ができるようになった」などの経験から得られた気づきについて語られることもあります。

⑧ 体験の一般化機能

問題を抱える教師の中には、「問題は自分の力不足が招いたこと」「もっと○○できたらよかったのに」と、問題の原因が自分にあると考え、自分を責め、自信喪失し、ときには罪悪感などを抱えてしまうことがあります。

しかし、教師を支える会への参加を継続していると、自分が体験したことは、自分に起因した特別なことではなく、学校現場ではしばしば起こりうることである、多くの教師が体験しうることであることに気づくことがあります。多くの参加者の話に耳を傾けることで、「私の問題」から「教師が抱えがちな問題」として客観的にとらえ、一般化することが可能になるのです。

そうなることで、問題とのつき合い方、自分のあり方にも変化が起こります。対処だけではなく、予防することが可能になるようです。

教師を支える会が担う役割は、これら八つ以外にもあるでしょう。

また、これらは一つずつ果たしているのではなく、それぞれに反映し合いながら、また発展し合いながら機能していると考えます。この20年余りの間に参加された先生方みんなでつくってきた「安心できる場所」という土台があるからこそ、多くの機能が働き続けていることを感じています。

2 教師の立ち直りのプロセス――「教師を支える会」を通じて

教師を支える会の20年余りにおよぶ定例会において、みなさんが報告してくださった多くの事例の中から、①メンタルヘルスの不調により休職し、②継続的に定例会に参加しつつ、③復職し、復職後職場で再適応するにいたった」事例を取り上げ、振り返り、検討しました。その結果、「教師の立ち直りのプロセス」は、大きく6期に分類することができました。

第1期：混乱期

悩みや問題を抱えると、その悩みを、まずは自分で解決しようと奮闘します。そして、同僚に相談したり、管理職に報告したりしながら、奮闘が続きます。このとき、親身に相談にのり、サポートしてくれる同僚や管理職がいると、どうにかしのぎ、問題を解決することができます。しかし、具体的な介入やサポートが得られず、状況をよく理解していない同僚や管理職からの問題指摘や、「こうしてみなさい」と無理なアドバイスをされると、ますます混乱し、気持ちは追い詰められ、状況が悪化していきます。悪循環の中で、奮闘し続けながら、体もこころも疲弊し始めていくのが混乱期です。

第2期：孤立期

悩みや問題が解決しないまま混乱期が続いていくと、問題を抱える教師の心身は疲弊していきます。そのとき、さらに管理職から、「あなたは教師に向いていないのでは」「だから、あなたはダメなんだ」などと叱責や指摘をされると、ますます心身へのダメージは深くなっていきます。このような状況や周囲の態度と言葉により、しだいに「教師としての自己イメージ」が崩れ、自信喪失や自責の念を抱えるようになり、職場の中で孤立せざるを得なくなるのです。これが、孤立期です。

このとき、さまざまな症状が出ることもあります。眠れない、朝起きられなくなるなどの睡眠障害。気分の落ち込みが続く、出勤がつらい、思考力や集中力、判断力が落ちる、「自分には価値がない」などと考えるようになる、以前は楽しめた趣味が楽しめなくなったなどの心理的症状。疲れやすく疲れがとれない、動悸や息苦しさがあるなどの身体的症状などです。このような症状があるときには医療機関の受診が必要になります。

第3期：休息期

心身の不調、医療機関での治療などにより、休職や休養が必要になるのが休息期です。休職を選択することは、一人で決断することがむずかしいこともあり、主治医や家族のアドバイス、定例会で語ることにより自分の体調を客観し決断にいたることもあります。

休職中も、こころの休息を得ることは簡単ではありません。自分を責め続けたり、後悔や不安を抱え続けたりすることで、体は休めてもこころが休まらないこともあります。一人で抱え続けるのではなく、自分の気持ちを理解してくれるだれか、安心して語ることができる他者に援助希求をすることにより、心的エネルギーの再活性化が促されるようです。

第４期：再構築期

休息期を過ごすなかで心的エネルギーが少しずつ戻ってくると、こころを落ち着けて、これまでの経緯を振り返るようになります。現状を理解し、自分を受容することで、教師としての自分を再構築する時期です。

定例会においては、自分の経験を振り返り語ることで、状況や気持ちが整理され、周囲からのフィードバックにより「教師としての自分の感覚」「自分が大切にしていること」を再確認し、教師としての自分を再構築し、自信の回復につながることがあるようです。

この時期は、都道府県の教育委員会等で実施している職場復帰訓練等に参加する時期でもあります。また定例会では、この時期に、心理学、カウンセリング、教育学などに関する本を読んだり理論を学び直したりすることが、「教師としての自分を再構築することにつながった」

「職場復帰したあとに役立った」といった体験談が多く報告されています。それぞれ自分に合った方法で、教師としての自分を再構築していくのがこの時期です。

第5期：復帰期

休職をしている場合は、復職に向けて体とこころの準備が整い、主治医からも復職の許可が出て、復帰に向けて動き始めるのが、復帰期です。本来は主治医の指導のもと、管理職と話し合い、職場復帰日、勤務時間、業務内容や業務量、サポート体制など具体的に決定していきます。そして、それにそいながら、職場復帰を開始します。

この時期、復帰する本人にとっては、休職中に再構築した教師としての自己イメージを、実際に学校現場の中で具現化していくことになります。無理をせず、あせらず、自分のペースで復帰していけるように理解者やサポートをしてくれる人がいることが大切です。

第6期：反復される不適応と適応期

職場復帰を果たした後、職場において理解や支援体制が得られることができれば、それに越したことはありません。しかし、残念ながら「みんな忙しいから」と復帰直後から役割を任されたり、人間関係などで問題が生じたりすることもあります。また、地域や勤務校が変わることで、新たな悩みを抱えることもあります。学校現場に身を置くことで、さまざまな悩みや困難が生じることが多いものです。

そのため、職場に復帰した後も、悩みや問題を抱える都度、新たな適応の道を探ることが必要になります。つまり、職場における不適応と適応を反復しながら、教師としての自分のあり方、働き方を構築することが続きます。

「助けを求めてもいい」ではなく「助けは求めたほうがいい」

以上のように六期に分けて事例を考察するとき、次の二つの傾向もみえてきました。

一つ目は、混乱期と孤立期が長く続きサポートが得られないときほど、メンタルヘルスの不調に陥り、症状も悪化すること。そして、それにより再構築期が長期化する傾向がある、ということです。

二つ目は、混乱期と孤立期において、周囲に理解者やサポートをしてくれる同僚や管理職などが二人以上いる場合は、混乱期・孤立期が比較的早く経過し、休息期を迎えることが可能となり、メンタルヘルス不調の回復が早い傾向がある、ということです。

このことから、教師サポートにおいて、悩みや問題を抱えたとき、一人で抱えないことが大切であることがわかります。教師は「助けを求めてもいい」ではなく「助けは求めたほうがいい」という意識をもつこと。助けを求めることができる人、安心して弱音を吐き、相談できる人をつくっておくこと。そして、相談できるネットワークや窓口などの援助資源が、教師の周囲に複数あることが重要であると指摘できます。

社会が大きく変わろうとしている現在、教育現場が抱える悩みや問題は、今後さらに多様化するでしょう。教育や子どもを支えているのは「教師」です。その教師を支援する人と場所、それらをつなぐネットワークのますますの充実と拡大が急務であると考えます。

〈引用参考文献〉

大竹直子・諸富祥彦　教師対象のサポートグループ「教師を支える会」における教師の変容過程とサポートグループが果たした機能――メンタルヘルス不調に陥った数名の教師に焦点を当てて――、日本心理臨床学会第39回大会発表論文集ｐ１５４、２０２０年11月

あとがき

私はこれまで教育カウンセリングをベースにした「教師の成長のサポート」に取り組んできました。

恩師である國分康孝先生も、教師の人間的な成長のサポートをその仕事の柱の一つとしておられました。ワークショップなどを通じて教師の人間的な成長のサポートを行っており、その意味では最も直接的な弟子であると思っています。國分先生は『教師の自信』『教師の表情』『教師の教師』（瀝々社）という「教師三部作」を執筆されました。当時の國分先生と同じくらいの年齢になった私も『教師の資質』（朝日新書）、『教師の悩み』（ワニブックス新書）、『いい教師の条件』（ソフトバンク新書）と、「教師三部作」を執筆しました。

ほかにも「教師の人生と成長」に焦点を当てた『教師の悩みとメンタルヘルス』『教師の自己成長と教育カウンセリング』（図書文化社）といった本を書いてきました。

カウンセラーとして多くの先生とかかわるうちに、教師をバックアップすることを通じて学校をよくしていきたいという思いが募ってきたからです。

１９９９年からは「教師を支える会」を結成し、20年以上にわたって教師の悩みをサポートする活動も行ってきました。その中でわかってきたことの一つは、悩んでいる先生は、悩み苦しむことを通して、「悩んでいる子どもに寄り添う力」を身につけることができるということです。悩み苦しむことを通して「本物の教師」に生まれ変わることができるのです。

私が好きな心理学の一つにフランクル心理学があります。

オーストリアの精神神経科医で『夜と霧』の著者として知られるヴィクトール・エミール・フランクルは、「すべてを投げ出してしまいたい」と思うほどの苦しみの淵にある人に向けて、『いまの自分の苦境は、自分の人生にとってどんな意味があるか』を問うことが、人間としての自己成長につながる」と言います。

あなたがいま置かれている、つらく苦しい状況、その体験は、あなたにとってどんな意味があるでしょうか。あなたに何を教えてくれているのでしょうか。

同僚や管理職からひどい仕打ちを受けた先生は、いじめにあった子どもの苦しみが痛いほどわかり、だれよりも寄り添える教師になることができるかもしれません。

うつ病で休職し、しばらく家から一歩も出られなかったという、つらく苦しい時間を過ごした先生は、不登校の子どもの一番の理解者になることができるかもしれません。

先生方一人一人の悩みをお聞きしていると、教師という仕事が「人生を捧げるに値する仕事」であること、情熱を注ぎ「魂で行う仕事」であることを実感します。「自分にはできない仕事をしてくださっている」――そんな気持ちが私にはあります。これからも微力ながら「教師のミカタ」として教師を支える活動を続けていきたいと思います。

私が先生方の悩みをお伺いするようになって20年以上たちますが、教師の置かれた状況はいまだ過酷そのものです。

「教員勤務実態調査」の結果（18ページ参照）を重くみた文科省は、「学校における働き方改革に関する取組の徹底について」を通知しています（2019年3月）。しかし、先生方はそれぞれに担任をもっているため、自分の受けもちの学級や教科のことを、ほかの教師に頼りづらいという課題があります。また、定期的な異動で数年ごとに環境がリセットされると、そのたびに新しい職場に慣れるまでに時間がかかるという実情があります。小規模校と大規模校で業務の量も異なりますし、学校と教育委員会では仕事内容そのものが大きく異なります。異動先に早く適応しなくてはというあせりもオーバーワークにつながりがちです。

こうした課題を乗り越え、教師が本来もっている計り知れないパワーが発揮されるようになった時に、教育界は大きく変わります。私はそこに希望を感じます。

2021年1月

諸富祥彦

★教師を支える会　https://morotomi.net/sasaeru/
「教師を支える会」は、悩んでいる先生方が集い、お互いに支え合い語り合う会です。一人で悩んでいるのと、ほかの人と一緒に悩むのとでは大違いです。いつでもあなたをお待ちしています！

★教師を支える会・東京支部の日程　https://www.meiji.ac.jp/ccp/index.html
東京支部は、木曜夜か土曜午前に月1回行っています。ホームページで日程を確認のうえ、気軽に足を運んでください。日程は明治大学心理臨床センターホームページ「イベント一覧」をご覧ください。

★「気づきと学びの心理学研究会〈アウェアネス〉」　https://morotomi.net/awareness
本書で紹介した心理学を楽しく、体験的に学ぶことができる研究会です。詳細は「諸富祥彦ホームページ」をご覧ください。問い合わせEメール　awarness@morotomi.net

著者紹介

諸富祥彦（もろとみ よしひこ）

明治大学文学部教授。1963年福岡県生まれ。筑波大学人間学類、同大学院博士課程修了。千葉大学教育学部講師・助教授を経て現職。教育学博士。現場教師の作戦参謀、教師を支える会代表。臨床心理士、公認心理師、上級教育カウンセラー、ガイダンスカウンセラー等の資格をもつ。日本トランスパーソナル学会会長、日本カウンセリング学会認定カウンセラー会理事、日本生徒指導学会理事。

おもな著書：『教師の悩みとメンタルヘルス』『図とイラストでわかるカウンセリングテクニック80』（図書文化社）、『教師の悩み解決術』（教育開発研究所）、『教師のチーム力を高めるカウンセリング』（ぎょうせい）、『教師の資質』（朝日新書）、『教師の悩み』（ワニブックス新書）、『いい教師の条件』（ソフトバンク新書）など多数。

ホームページ　https://morotomi.net

教師が悩んだときに読む本

2021年3月20日　初版第1刷発行［検印省略］

編著者　©諸富祥彦・教師を支える会
発行人　福富　泉
発行所　株式会社　図書文化社
〒112-0012
東京都文京区大塚1-4-15
電話 03-3943-2511
FAX 03-3943-2519
装幀　株式会社　オセロ
印刷　株式会社　厚徳社
製本　株式会社　厚徳社

ISBN 978-4-8100-0752-7 C3037